| 한 달 묵상 시리즈 3 |

위그노처럼

국민북스

| 한 달 묵상 시리즈 3 |

위그노처럼

초판 1쇄 2023년 2월 22일

지은이 성원용
펴낸이 이태형
펴낸곳 국민북스
마케팅 김태현
디자인 서재형

등록번호 제406-2015-000064호
등록일자 2015년 4월 30일
주소 경기도 파주시 와석순환로 307, 1106-601 우편번호 10892
전화 031-943-0707
팩스 031-942-0701
이메일 kirok21@naver.com

ISBN 979-11-88125-487 03230

*책에 인용된 성경은 개역개정판과 개역한글판이 함께 사용되었습니다.

| 한 달 묵상 시리즈 3 |

위그노처럼

성원용 지음

국민북스

목 차

| 서문 | 아, 위그노처럼 살 순 없을까? | 06 |

Day 1	용기를 내라	14
Day 2	저항하라	20
Day 3	세상과 타협하지 말라	26
Day 4	선으로 악을 이기라	32
Day 5	주 안에서 행복하라	38
Day 6	선한 일에 부유한 자가 되라	44
Day 7	인생 광야에서 하나님만 바라보라	50
Day 8	고난의 영광을 알라	56
Day 9	고난을 창조적으로 해석하라	62
Day 10	먼저 자신을 개혁하라	68
Day 11	부르심에 즉각 응답하라	74
Day 12	단순한 삶을 살라	80
Day 13	자유를 지켜라	86
Day 14	오직 성경을 붙들라	92
Day 15	오직 그리스도를 의지하라	98
Day 16	오직 은혜와 믿음으로 살라	104
Day 17	오직 하나님께 영광을 돌려라	110

| 한 달 묵상 시리즈 3 |

위그노처럼

Day 18	톨레랑스 하라	116
Day 19	관용의 가치를 지켜라	122
Day 20	믿음의 기준선을 넘지 말라	128
Day 21	다양성 속에서 일치를 추구하라	134
Day 22	교회를 사랑하라	140
Day 23	예배를 지켜라	146
Day 24	교회를 교회 되게 하라	152
Day 25	교회의 주인은 주님뿐임을 명심하라	158
Day 26	교회의 사명인 선교에 진력하라	164
Day 27	디아스포라의 삶을 살라	170
Day 28	복음으로 세상을 변혁하라	176
Day 29	영원한 본향을 기억하라	182
Day 30	광야길을 기쁘게 걸어라	188
Day 31	영원한 행복을 추구하라	194
[부록]	부록: 위그노 10문 10답	202

서문

아, 위그노처럼 살 순 없을까?

1996년 3월, 나는 프랑스 땅에 선교사의 신분으로 도착했다. 갑작스러운 부르심에 3개월간 허겁지겁 준비하고 고국을 떠난 것이어서 나의 프랑스 생활은 모든 게 어리둥절하게 시작되었다. 그때부터 "나는 누구인가? 나는 선교사인가? 프랑스는 선교지인가? 하나님은 왜 나를 이곳으로 보내셨을까?"라는 근원적인 질문을 붙잡고 하루하루를 살았다. 이 문제가 해결되지 않는다면 내가 프랑스 땅에 머물러야 할 이유가 없었기 때문이었다.

나는 주어진 교회 사역을 하는 중에도 틈틈이 프랑스의 종교적 상황을 공부하고 프랑스 개신교회 역사를 탐구해 나갔다. 그것은 내 질문에 대한 해답을 찾으려는 몸부림이었다. 그렇게 6년을 보내던 어느 날 새벽, 주님 앞에 엎드려 기도하는데 갑자기 질문에 대한 답이 보이기 시작했다. 마치 아침 안개가 걷히면서 수평선에 떠 있는 한 척의 배가 모습을 드러내 점점 그 형체가 명확해지는 것 같은 느낌이었다. 바로 프랑스는 21세기의 중요한 선교지라는 것, 프랑스의 역사 속에 내가 발굴해서 소개해야 할 소중한 보물이 들어 있을 것이라는 확신이었다.

전자는 프랑스와 프랑스 교회를 위해, 후자는 나를 보낸 한국교회의 신앙 본질 회복과 재부흥을 이루기 위해 내가 감당해야 할 사명이었다. "그렇구나, 바로 이 일을 위해 나를 이곳으로 보내셨구나!" 그 순간 나의 내면은 형언할 수 없는 빛과 기쁨으로 가득 채워졌다. 한참 동안 그 자리를 떠나지 못하고 감격하며 찬양을 부를 때 감사의 눈물이 하염없이 흘러내렸다. 모든 것이 자명해졌다. 나를 이 땅으로 보내신 이유와 내가 이 땅에 살면서 감당해야 할 일에 대한 확신으로 나의 방황은 종식되었다.

그렇게 20여 년의 세월이 흘렀다. 그런 가운데 2002년에 선교적 교회를 지향하는 파리선한교회를 개척해서 유럽과 아프리카 불어권 선교 교두보를 마련했고, 2021년에는 프랑스 개신교 역사서라고 할 수 있는 『위그노처럼-위그노에게 배우는 10가지 교훈』을 세상에 내놓았다.

위그노의 신앙과 역사는 프랑스 땅에서 내가 찾은 소중한 보물이다. 위그노는 16~18세기 프랑스의 개신교도들이다. 그들은 종교개혁 신앙을 가졌다는 이유로 모진 박해를 받으며 길고 긴 광야를 통과한 사람들이다.

종교개혁 신앙 운동은 중세교회가 잃어버린 초대교회의 복음 신앙을 붙드는 본질 회복 운동이다. 그들은 본질이 훼손된 시대에 성경적 신앙의 본질을 붙들고 치열하게 살았다. 가톨릭이 주류인 세상에서 개신교 신앙을 견지하기란 결코 쉽지 않았지만 그들은 복음 안에서 삶으로 '마이너리티 리포트'를 써나갔다. 오직 한 분 하나님을 추구하며 '인생의 유일한 청중'이신 주 예수 그리스도께로만 시선을 집중했다.

위그노들은 인생에서 가장 소중한 것이 무엇인지, 우리 삶을 바쳐야 할 최고의 가치가 무엇인지를 알았던 사람들이다. 그들은 그 최고의 가치를 지키기 위해 예배에 목숨을 걸었다. 당시는 성경과 양심에 따른 예배 선택의 자유가 없던 시대였다. 그들의 예배는 큰 희생과 용기를 가진 자유인만이 할 수 있는 일이었다.

"레지스테!"(저항하라)는 위그노를 설명할 수 있는 가장 적합한 단어다. 그들은 비진리와 불의에 저항했다. 저항은 불의한 세력의 위협에 굴하거나 타협하지 않고 올곧게 진리의 길을 걸어가는 것이다. 그들은 '프로테스탄트'(저항자, 이의를 제기하는 사람들)의 전형으로 개신교회의 원형질을 후세에게 전해주었다.

위그노들은 오직(Sola) 성경, 오직 믿음, 오직 은혜, 오직 예수 그리스도, 오직 하나님께 영광이라는 '5대 솔라'

의 원리를 살아냈다. 이 '오직'이라는 단어는 너무나 중요하다. 이 단어 하나로 본질과 비본질이 결정되기 때문이다. 아, 우리는 지금 '오직'의 삶을 살고 있는가?

그들은 거친 광야길에서도 행복한 삶을 살았다. 진정한 행복은 외부의 상황과 조건으로부터가 아닌 내면에서 나오는 것임을, 그리고 무엇보다 하나님과의 친밀함으로부터 오는 것이라는 사실을 내게 가르쳐줬다.

광야에서 외롭게 '마이너리티 리포트'를 썼던 그들은 결국 세계 역사를 변화시키는 주역이 되었다. 박해로 인해 모든 것을 버리고 자신들의 나라 프랑스를 떠난 디아스포라 위그노들의 삶은 외롭고 고달팠지만, 그들이 가져간 복음과 기술, 지식과 예술은 그들을 영접한 도시와 나라의 역사를 바꾸는 축복의 도구들이 되었다. 그들은 가는 곳마다 삶으로 믿음을 전염시키는 사람들이었다. 어떤 것으로도 그들을 회유할 수도, 꺾을 수도 없는 '세상이 감당하지 못하는 사람들'이었다.

나는 위그노를 알게 해주신 하나님께 진심으로 감사를 드린다. 저항하며 믿음의 본질을 살아 낸 선배 크리스천들이 있기에 나 역시, 우리 역시 이 물질만능과 상대주의 시대에서 복음의 본질을 붙들고 살아갈 용기를 낼 수 있다. 그들이 했다면, 우리도 할 수 있다!

위그노에 대해서 아는 것보다 더 중요한 것은 그들처

럼 믿고 그들처럼 사는 것이다. 과거의 정보와 새로운 지식의 소비자로 머물면 안 된다. 그것이 우리 삶으로 파고들어 우리 인생의 변화를 촉진하는 동력이 되어야 한다.

좋은 것, 귀한 것은 나만 간직해선 안 된다. 사랑하는 사람들에게 전해야 한다. 내게 위그노는 '감춰진 보화'와 같았다. 위그노가 잠든 내 영혼을 깨웠다. 그 빛이 내게만 비쳐서는 안 된다. 사랑하는 조국교회, 본질이 사라지고 패배주의만이 넘실대는 한국교회에 비쳐야 한다. 그 같은 갈망으로 나는 위그노에 대한 글을 쓰고 있다. 지금 시대에 위그노를 전하는 것만큼 시급하고 가치 있는 일은 별로 없다는 생각으로 말이다.

글을 쓰며 무엇보다 나부터 그들의 역사와 삶을 성경의 빛 아래 가져와 그 의미를 깨닫고 그것을 다시 일상의 삶으로 빚어내고자 했다. 나는 시간이 날 때마다 위그노 역사의 현장에 가서 그곳에서 벌어진 지난 역사를 회상했다.

그럴 수 없는 날이면 카페에 조용히 앉아 상상의 나래를 펼쳐 그들과 함께 역사의 현장에 서 있으려 했다. 무수한 날들을 무명의 위그노들, 예배를 목숨보다 소중히 여긴 그들, 화형장에서 조차 환한 미소를 띠며 불덩이에 들어갔던 그들과 대화했다.

그렇게 나 자신이 위그노가 되어 현장을 거닐고 그들

의 모습을 들여다보고 묵상하다 보면 가슴에 뜨거운 감동이 올라오곤 했다. 그 순간에는 한없이 부족하고 모자란 내 모습을 발견하고 회개의 기도를 드리며 믿음의 옷깃을 여미게 된다. 나와 위그노를 가른 차이가 무엇인지를 진지하게 생각하면 21세기에 위그노의 영적 후손으로서 나는 어떤 삶을 살아야 하는지를 깨닫게 된다. 그렇게 틈틈이 묵상한 내용을 모아『위그노처럼』이라는 한 달 묵상집을 내게 되었다.

이 책의 집필 의도는 단순하다. '한 달만이라도 위그노처럼 살아보자'는 것이다. 순서를 따라 한 달 동안 묵상하다 보면 어느 순간 위그노의 믿음의 삶을 닮아가게 되는 자신을 발견할 것이다. 하나님의 말씀이 내 일상의 삶을 넘어 세상의 역사를 변화시키는 단계로 우리 믿음의 지평을 넓혀줄 것이라 믿는다.

바라기는 이 책이 나 혼자 잘 믿고 복을 받다 떠나는 인생이 아니라 나로 인해 모든 민족이 복을 받고 잘 되는 아브라함 언약의 삶(창 12:1~3)으로 우리를 인도하기를…. 그리고 포스트 코로나 시대에 교회와 성도가 회복해야 할 영적 본질이 무엇이며 감당해야 할 시대적 사명이 무엇인지를 깨닫는 도구가 되기를….

우리는 모두 이 시대를 믿음으로 살아가는 위그노들이다. 비본질에 저항하며, 불가능을 가능으로 바꾸며, '오직'의 삶을 살아가는 21세기 한국의 위그노들이다. 위그노의 영성이 한국교회를 살릴 것이다! 믿음이 한낱 이상(理想)이 되고, 소망이 소유로 변해버린 이 사회에 복음의 빛으로 살아가는 삶이 가능하다는 것을 보여주자. 그러니 이제 한 달 만이라도 위그노처럼 살아보자.

위그노는 내게 많은 것들을 가르쳐줬다. 그러나 그 어떤 것보다 내 삶에 와닿은 것이 있다. 은혜, 은혜다! 그들은 우리의 모든 것이 오직 은혜, 하나님의 은혜임을 가르쳐줬다. 그 은혜가 이 책을 읽는 모두에게 넘치기를 소망한다.

"오, 하나님 감사합니다."

2023년 2월, 파리에서
성원용

국민북스
한달묵상
시리즈 3

위그노처럼

위 그 노
처   럼

DAY
1

용기를 내라

백성들이 자녀들 때문에 마음이 슬퍼서
다윗을 돌로 치자 하니 다윗이 크게 다급하였으나
그의 하나님 여호와를 힘입고 용기를 얻었더라
삼상 30:6

"인생은 고(苦)다.(Life is difficult)" 심리학자 스캇 펙의 말입니다. 이 땅을 사는 누구나 절감할 내용입니다. 행복한 나날이 지속되기 원하지만 사노라면 누구나 사면초가의 상황을 만나게 됩니다. 그때 두려움과 불안에 휩싸입니다.

두려움이 자신을 위협하는 어떤 대상에 대한 감정이라면, 불안은 죽음이나 미래처럼 그 대상을 특정할 수 없는 어떤 것으로 인한 막연한 감정입니다. 이것들을 극복하지 않으면 우리 인생은 침체의 수렁에 빠지게 되고 마땅히 해야 할 일을 감당하지 못하게 됩니다.

이를 극복하고 행동하는 게 용기입니다. 용기를 내십시오! 그러면 우리 내면을 장악하고 있던 두려움과 불안이 사라집니다. "인생은 행(幸)이다.(Life is happy)"라고

한 줄 묵상

**두렵고 불안한 상황에서도 하나님을 의지해
자신을 던지는 용기가 믿음입니다.**

고백할 수 있는 시작이 바로 지금, 이 순간 작은 용기를 내는 것입니다.

그 용기는 어디서 옵니까? '하나님을 의지하는 믿음'에서 옵니다. 성경에서 용기를 상징하는 인물은 다윗입니다. 다윗은 위급한 상황에 처할 때마다 여호와 하나님을 의지해 용기를 냈습니다. 폴 틸리히에 따르면 이 용기를 내는 것 자체가 바로 믿음입니다. 두렵고 불안한 상황에서도 하나님을 의지해 자신을 던지는 용기가 믿음이라는 말입니다. 다윗이 수많은 허물과 고통에도 불구하고 결국 행복한 인물이 된 것은 어떤 상황에서도 믿음의 용기를 내었기 때문입니다.

예수님도 두려워하고 불안해하는 제자들에게 믿음을 요구하셨고, 그들의 믿음이 떨어지지 않기를 기도하셨습니다. 하나님 나라 백성으로 살아가는 우리는 늘 세상의 중력 아래에 놓이게 됩니다. 하나님을 의지하는 '믿음으로부터 나오는 용기'를 낼 때, 우리는 세상의 중력을 극복하고, 역사를 변화시키는 주인공이 될 수 있습니다.

예수님이 십자가에 달려 돌아가신 후, 제자들은 예루살렘 한복판에 덩그러니 남겨졌습니다. 두려움과 불안이 그들을 엄습했습니다. 잔뜩 움츠린 그들에게 오순절 성령이 임했습니다. 성령은 그들에게 믿음과 용기를 주었습니다. 그들은 용기를 내어 십자가에서 죽은 예수가 살아나셨다고 증언하기 시작했습니다. 그러자 그들을 통해 사람이 변하고, 세상이 변했습니다.

16세기의 유럽은 종교개혁을 통해 새로운 시대로 들어갔습니다. 물론 저절로 새 시대가 열린 건 아닙니다. 하나님으로부터 비롯된 용기를 삶에서 실천한 믿음의 사람들이 있었기 때문입니다. 용기란 두려움을 넘어 옳은 일을 위해 자신을 던지는 담대한 마음입니다.

파리 6구의 생제르맹 데프레 수도원은 프랑스 종교개혁의 요람입니다. 그곳에 기욤 브리소네라는 같은 이름을 지닌 아버지와 아들이 수도원장으로 있었습니다. 아버지 기욤은 자신의 지식과 부를 사용해 부패한 종교 및 정치 권력과 싸웠습니다. 4명의 추기경을 불러 당시 교황이 권력을 남용한 리스트를 작성하고 발표하게 했습니다. 가톨릭이 절대 위세를 떨치던 시대에 제정신으로는 도저히 할 수 없는 용기 있는 행동이었습니다. 그 결과, 그는 부와 직위를 모두 잃었습니다.

아들 기욤도 방탕한 신부들을 교회에서 추방했으며, 일반인들에게 성경 말씀을 가르치고, 부패한 사제들을 강하게 비판했습니다. 그러기 위해서는 생명을 건 용기를 내어야 했습니다. 믿음의 용기는 전염성이 강합니다. 그의 용기에 많은 사람들이 용기를 내어 일어났습니다. 생명을 건 한 사람의 용기 있는 행동이 시대를 바꾸는 동력이 된 것입니다.

시대가 변할수록 우리의 신앙은 더욱더 강력한 세속의 저항에 직면하게 될 것입니다. 이번 팬데믹을 통해 우리는 신앙과 예배의 자유는 언제든지 공익이라는 이유로 통제될 수 있다는 엄혹한 사실을 경험했습니다. 위기입니다. 이 위기의 시대에 무엇이 필요합니까? 하나님을 의지하는 믿음으로부터 나오는 용기입니다. 그 용기만 있다면, 우리는 언제든지 믿음을 지켜낼 수 있습니다.

용기를 내십시오! 용기를 내기 위해서는 전능하신 하나님을 신뢰해야 합니다. 용기의 근원이신 하나님이 우리와 함께하십니다. 그분을 믿고 절대로 후퇴하지 마십시오! 담대히 말하며 행동하십시오! 생명을 걸고 믿음의 용기를 내었던 우리 믿음의 선배, 위그노처럼 말입니다.

기도

하나님 아버지, 오늘도 주님의 뜻에 순종하며 살고 싶습니다. 그러나 두려움과 불안이 저를 막아섭니다. 이제 눈을 들어 주님을 바라보렵니다. 모든 불안을 뛰어넘어 평강의 주님을 힘 있게 의지하렵니다. 부디 다윗에게 주셨던 용기를 제게도 주십시오. 그 용기로 해야 할 말을 하고, 본분을 지키며, 마땅히 머물러야 할 곳에 설 수 있는 사람이 되게 해 주소서. 그래서 이 시대의 위그노로 저 역시 생명을 걸고 복음의 본질을 추구하며 살아가게 힘주시옵소서. 예수님의 이름으로 기도드렸습니다. 아멘

노트

에리히 프롬 | 신념을 가지는 데는 용기가 필요하다. 용기란 위험을 감수할 수 있는 능력이다. 그것은 고통과 실망까지를 받아들일 수 있는 준비다. 그러므로 위험이 닥친다 해서 두려워할 필요는 없다. 오히려 그때야말로 용기를 실험할 수 있는 좋은 때이다. 용기의 축적으로 신념의 탑을 쌓아가자.

오늘의 나의 묵상

위 그 노
처 럼

DAY
2

저항하라

"베드로와 요한이 대답하여 이르되 하나님 앞에서 너희의
말을 듣는 것이 하나님의 말씀을 듣는 것보다 옳은가
판단하라 우리는 보고 들은 것을 말하지 아니할 수 없다 하니"
행 4:19~20

단도직입적으로 물어보겠습니다. "여러분은 명목상의 그리스도인으로 살겠습니까? 아니면 이 세상에 저항하며 하나님의 나라를 추구하는 진짜 그리스도인으로 살겠습니까?"

살아있는 물고기는 흐르는 물을 거슬러 올라갑니다. 죽은 물고기는 허연 배를 내놓고 떠내려가지요. 보기에도 흉하고 쓸모도 없습니다. 우리도 세상의 흐름과 압박의 물결을 거스르지 못한 채 적당히 타협하고 그 물결에 자신을 맡겨 살아간다면 생명력을 잃은 흉하고 쓸모없는 존재가 됩니다. 명목상의 그리스도인으로만 살아갑니다.

한 번도 진짜 그리스도인의 삶을 살지 못하고 생을 마감하는 것 보다 더 불행한 일은 없습니다. 저항은 물결을

한 줄 묵상

**저항은 세상의 흐름과 압박의 물결을
거스르는 생명력입니다.**

거슬러 올라가는 것입니다. 프랑스어로 저항은 동사형으로는 '레지스테', 명사형으로는 '레지스탕스'입니다.

초대교회 사도들은 저항하는 사람들이었습니다. 그들은 자신들을 위협하는 당국자들에 당당하게 맞섰습니다. "하나님 앞에서 너희 말 듣는 것이 하나님 말씀 듣는 것보다 옳은가 판단하라 우리는 보고 들은 것을 말하지 아니할 수 없다"고 담대히 외쳤습니다. '죽으면 죽으리라'는 각오로 외친 그들의 결기 어린 모습이 눈에 선합니다. 이 저항정신이 사도들과 초대교회의 생명력입니다.

개신교인들은 프로테스탄트, 즉 '저항하는 사람들'로 불렸습니다. 유럽 전체가 비진리와 불의 앞에 숨죽이고 있을 때, 마틴 루터는 분연히 일어나 저항했습니다. 루터는 국가와 종교 권력에 의해 보름스 의회에 소환되어 입장을 철회하라는 강요를 받을 때, 이렇게 외쳤습니다.

"성경의 증거와 나의 명백한 이성에 비추어 유죄가 증명되지 않는 이상 나는 교황과 공의회의 권위를 인정하지 않겠습니다. 지금 내 양심은 하나님의 말씀에 사로잡혀 있습니다. 나는 아무것도 철회할 수 없고 또 그럴 생각도 없습니다. 왜냐하면, 양심에 반해서 행동하는 것은 안전하지도 못할 뿐만 아니라 현명한 일도 아니기 때문입니다. 하나님이여, 이 몸을 도우소서, 내가 여기 있나이다. 아멘."

생명을 건 그의 저항은 역사의 흐름을 바꿔 놓았습니다. 위그노 마리 뒤랑은 남프랑스의 어느 위그노의 가정에서 태어났습니다. 그들의 집에서 위그노 예배가 드려졌다는 이유로, 그녀의 가족은 체포되었고 광야교회 목사였던 오빠 피에르 뒤랑은 몽펠리에 광장에서 공개 처형되었습니다. 마리 뒤랑도 체포되어 지중해 바닷가에 있는 에귀 모르트라는 성채의 콩스탕스라는 전망대 감옥에 투옥되었습니다.

그때 그녀의 나이가 19살이었습니다. 마리는 그곳에서 38년을 지냈습니다. 그녀도 연약한 인간이었기에 많은 고뇌와 유혹이 있었을 것입니다. 그러나 마리는 감옥 중앙에 있는 물을 길어 올리는 구멍 주위에 프랑스 단어 하나를 새겨 놓았습니다. 그리고 매일 그것을 보면서 자신과 동료들의 흔들리는 마음을 붙들었습니다. 그 글자가 바로 '레지스테', 즉 '저항하라'입니다.

지금도 그 감옥에 이 글자가 선명하게 기록되어 있습니다. 그녀가 돌에 새긴 레지스테는 프랑스 개신교도들의 심장에 새겨졌고 프랑스의 정신이 되었습니다. 프랑스 대혁명은 불의한 권력에 대한 저항으로 2차 세계대전에서 독일의 나치에 대항한 레지스탕스도 그 저항정신으로부터 왔습니다. 그들의 저항은 암울하고 비루한 시대를 밝히는 등불이 되었습니다.

오늘도 새로운 하루가 우리 앞에 주어졌습니다. 어떻게 살아야 할까요? 시류에 몸을 맡기고 떠내려갈 것인가요? 힘들고 고될지라도 성경과 양심의 요청을 따라 불의와 비진리에 저항하며 살 것인가요? '레지스테'라는 단어를 새기며 38년 동안 진리를 붙잡았던 마리 뒤랑처럼 우리 역시 마음을 단단히 먹고 하루를 시작해 봅시다.

기도

하나님 아버지, 오늘 새 하루를 주셔서 감사합니다. 비진리와 불의가 넘치는 이 세상을 어떻게 살아야 할지 걱정입니다. 오늘도 저에게 성령을 부어주시고 용기를 주셔서 타협하거나 운명에 맡겨 살지 않고 주님의 말씀과 양심에 어긋나는 일들에 저항하며 사는 힘을 주옵소서. 예수님의 이름으로 기도드렸습니다. 아멘

노트

디트리히 본회퍼 | 그 선한 힘에 고요히 감싸여 그 놀라운 평화를 누리며 나 그대들과 함께 걸어가네. 나 그대들과 한 해를 여네. 지나간 허물 어둠의 날들이 무겁게 내 영혼 짓눌러도 오 주여 우릴 외면치 마시고 약속의 구원을 이루소서. 주께서 밝히신 작은 촛불이 어둠을 헤치고 타오르네. 그 빛에 우리 모두 하나 되어 온 누리에 비추게 하소서. 이 고요함이 깊이 번져갈 때 저 가슴 벅찬 노래 들리네. 다시 하나가 되게 이끄소서. 당신의 빛이 빛나는 이 밤 그 선한 힘이 우릴 감싸시니 믿음으로 일어날 일 기대하네. 주 언제나 우리와 함께 계셔 하루 또 하루가 늘 새로워.

오늘의 나의 묵상

위그노처럼

세상과 타협하지 말라

DAY
3

"이제 내가 사람들에게 좋게 하랴 하나님께 좋게 하랴 사람들에게 기쁨을 구하랴 내가 지금까지 사람들의 기쁨을 구하였다면 그리스도의 종이 아니니라"

(갈 1:10)

유대교 율법주의자들은 사도 바울에게 복음 전하기를 포기하라며 그를 공격했습니다. 만일 바울이 그들과 타협했었다면 기독교는 유대교의 한 분파로 전락하고 말았을 겁니다. 하지만 바울은 그들의 협박과 위협에 두려움 없이 저항했습니다.

"내가 지금까지 사람의 기쁨을 구하는 것이었다면 나는 그리스도의 종이 아니다."

사자후 같은 그의 목소리가 지금도 귀에 쩡쩡 울리는 듯합니다. 그는 그렇게 예수 그리스도의 십자가 복음, 은혜의 복음을 지켜냈습니다.

한국 개신교회 선교역사는 1884년 9월 20일에 미국 북장로교 의료 선교사 알렌이 조선에 입국하면서 공식적으로 시작되었습니다. 2023년 현재 139년의 비교적 짧은

한 줄 묵상

하나님의 말씀과 우리의 양심이 지시하는 방향을 따라 좌로나 우로나 치우치지 않고 걷는 사람이 진정한 위그노의 후손입니다.

역사 가운데 매우 자랑스러운 일들을 이뤄냈습니다. 기독교 역사상 유일무이한 부흥, 세계에서 두 번째로 많은 선교사 파송, 수많은 사회봉사 그리고 세상의 불의와 비진리에 맞선 저항…. 그중에 세상의 불의와 비진리에 맞선 저항이야말로 한국교회의 생명력이며 자존심입니다.

일제가 우리 민족을 강제로 점령하고 민족정신을 말살하려 할 때, 한국교회는 저항했습니다. 1919년 삼일운동을 주도하며 독립선언문에 이름을 올린 33인 가운데 16명이 개신교 지도자들이었습니다. 당시 교회는 전국적인 조직이 있었고 선교사들을 통해 외부세계와 연결하는 소통의 통로였기에 조국의 독립을 가슴에 품은 민족지도자들이 다수 교회에 들어와 활동했습니다.

이에 일제는 교회를 탄압하기 시작했습니다. 신사참배

를 통해서 우상숭배를 강요했습니다. 신사참배는 우리 민족의 정신을 말살하려는 정치적 시도이자 성경이 금하는 우상숭배를 강요하는 행위였습니다.

부끄럽게도 많은 교회와 지도자들이 그들의 압박에 굴복했지만 적지 않은 진정한 그리스도인들과 지도자들은 목숨을 걸고 비진리에 저항했습니다. 주기철 목사님은 신사참배 거부로 감옥에 갇혀 모진 고문을 당했지만 끝까지 저항하며 순교의 길을 걸었습니다. 그의 후손들도 고통을 당했습니다. 일제는 그들의 모든 권리를 빼앗고 먹을 것도 주지 않았습니다.

순교자의 후손들은 참으로 눈물겨운 삶을 살았습니다. 하지만 그들의 저항은 한국교회를 수렁에서 건져내었고, 한국교회의 자랑으로 우리 가슴 속에 별처럼 빛나고 있습니다. 한국교회는 공산당의 폭력 앞에서도, 군사 독재에도 저항했습니다. 다수가 불의와 비진리 앞에서 눈을 감고 나 몰라라 할 때 어떤 이들은 거룩한 저항을 하며 희생을 마다하지 않았습니다. 그들이 우리의 자랑이며 자존심입니다.

독일의 나치가 유럽을 불의와 비진리로 더럽히고 있을 때 독일의 고백교회와 성도들도 다음과 같은 브레멘 선언으로 저항했습니다. '오직 예수 그리스도 외에는 그 어떤 것에 대해서도 주로 고백할 수 없다. 예수만이 우리의 주님이시다.' 이것이 독일 개신교회의 마지막 자존심이 되었습니다.

우리가 지금도 위그노들을 기억하는 이유는 그들이 비진리에 저항했기 때문입니다. 그들이 불의와 비진리의 세력과 타협하며 공생하는 길을 걸었다면 결코 기억되지 않았을 것입니다. 오히려 사람들의 부끄러움이 되었을 것입니다. 하지만 그들은 300년이라는 긴 시간 동안 성경 말씀과 양심의 소리를 따라 올곧게 길을 걸었습니다. 그래서 우리의 기억 속에 남아 있는 것입니다.

우리는 위그노의 영적 후손입니다. 위그노처럼 진리의 길을 걷도록 부름 받은 사람들입니다. 하나님의 말씀과 우리의 양심이 지시하는 방향을 따라 좌로나 우로나 치우치지 말고 똑바로 걸어야 합니다. 빛과 어둠이 함께 할 수 없고 그리스도와 벨리알이 조화를 이룰 수 없습니다. 오늘도 불의와 비진리에 저항하며 일사각오의 정신으로 거룩한 진리의 길을 뚜벅뚜벅 걸어가시기 바랍니다.

기도

하나님 아버지, 우리가 사는 세상은 불의와 비진리로 가득합니다. 세상은 우리에게 적당히 살라며 타협을 강요합니다. 그러나 주님이 주신 이 길이 생명의 길임을 알기에 저항하지 않을 수 없습니다. 성령님, 우리의 삶의 자리에서 불의와 비진리에 저항하며 살도록 인도하여 주옵소서. 예수님의 이름으로 기도드렸습니다. 아멘

노트

주기철 | 부활의 복음은 피로써 우리에게 전해져 왔다. 로마제국의 잔혹한 박해 아래 50만 성도가 피를 흘렸다. 로마교황의 핍박 아래 100만 성도가 피를 뿌렸다. 우리가 읽고 있는 성경은 피로써 써졌고 피로써 전해졌다. 피로써 전하여진 부활의 복음을 우리 또한 피로써 지키고 전하여야 한다. 예수님과 함께 죽자고 다짐하였던 도마의 일사 각오 다짐은 오늘 우리에게도 요청된다.

오늘의 나의 묵상

위그노처럼

DAY
4

선으로 악을 이기라

"악에게 지지 말고 선으로 악을 이기라"
롬 12:21

인도의 마하트마 간디는 "비폭력은 인류가 사용할 수 있는 가장 강력한 무기"라고 했습니다. 그는 비폭력 저항을 통해 위기에 처한 조국을 건져내고 많은 사람들에게 감동과 희망을 주었습니다. 그는 "네가 옳다면 화낼 이유가 없고 네가 틀렸다면 화낼 자격이 없다"라고 했습니다. 이 철학이 간디를 적들에 대한 분노와 적개심을 넘어선 비폭력 저항의 상징적 인물이 되게 했습니다.

세상에 악이 근절되지 않는 것은 악을 악으로 갚기 때문입니다. 동양은 원수갚는 문화를 가지고 있습니다. 우리나라에서는 정권이 바뀔 때마다 적폐청산의 정치가 펼쳐집니다. 정권을 잡은 측이 적폐청산이란 이름의 칼자루를 쥐고 무리하게 휘두르는 동안 자신들도 새로운 적폐를 쌓게 되고, 결국 복수의 악순환이 반복됩니다. 그리

한 줄 묵상

**용서와 관용이 증오와 분노보다 생명력이 길고,
사랑이 무력보다 강합니다.**

스도인조차 그 일에 합세하고 있으니 안타깝고 슬픈 현실입니다.

성경은 세상과 다른 길을 제시하고 있습니다.

"악에게 지지 말고 선으로 악을 이기라"(롬 12:21) "나는 너희에게 이르노니 너희 원수를 사랑하며 너희를 핍박하는 자를 위하여 기도하라"(마 5:44) "너희를 저주하는 자를 위하여 축복하며 너희를 모욕하는 자를 위하여 기도하라"(눅 6:28)

이 말씀들은 합리적이지도, 지혜로워 보이지도 않습니다. 이렇게 살면 악이 언제나 이기는 세상이 될 것 같습니다. 최소한 '눈에는 눈, 이에는 이'로 돌려주어야 세상이 공정하고 정의롭게 될 것 같아 보입니다.

그러나 주님의 말씀이 옳습니다. 언제나! 주님의 말씀

에 따르는 길만이 복수의 악순환을 끊어내고 새로운 시대를 열어가는 비결입니다. 악을 용납하면 안 됩니다. 악과 싸워 이겨야 합니다. 하지만 악을 악으로 대하면 결국 지게 됩니다. 선으로 악을 이겨야 합니다. 비폭력 저항으로 승리해야 합니다. 이것이 하나님 나라의 원리로 영원한 승리를 얻는 비결입니다.

루이 14세가 낭트 칙령을 폐지하고 무자비한 박해를 시작하자, 남프랑스에서 위그노의 무력 저항이 일어났습니다. 그들이 만든 부대가 카미자르(Camisards)입니다. 부대원들이 무기를 숨길 수 있는 긴 소매의 흰색 셔츠인 랑그독 지역의 옥시탄 의상인 카미자(Camisa)를 입었다 해서 붙여진 이름입니다. 이 게릴라 부대는 시골 사람과 목동들, 장인들과 젊은이들로 구성되었고 그중에는 젊은 여성들도 있었습니다. 그야말로 임시로 만들어진 군사들이었지요.

그들은 낮에는 일반인으로 일하다가 밤에 군사로 변해 적들을 기습 공격하는 게릴라 전략을 썼고, 그것은 적들에게 큰 위협이 되었습니다. 그들은 강렬하게 저항했고 치열하게 싸웠습니다. 하지만 그들의 무력 저항은 3년을 넘기지 못했습니다.

노자는 '췌이예지 불가장보'(揣而銳之 不可長保)라고 했는데 '갈아서 뾰족하게 하면 오래 보존할 수 없다'는 뜻입니다. 예리한 칼날을 오래 보존하기 어렵듯이, 사람도 날카로워지면 단명하기 마련입니다. 분노의 칼을 가슴에 지닌 사람치고 평화롭게 장수하는 경우는 없습니다. 용서와 관용의 미덕이 증오와 분노보다 생명력이 길고, 사랑이 무력보다 강한 법입니다.

위그노 대부분은 그들에게 가해진 박해를 몸과 마음으로 받아들이며 포기하지 않고 비폭력 저항을 이어갔습니다. 적들을 분노로 대하지 않고 그들을 위해서 기도했습니다. 위그노들은 그렇게 무기력하게 보이는 듯 살았지만 결국 승리했습니다. 그들로 인해 프랑스 땅에 결국 종교의 자유가 주어졌습니다. 포기하지 않고 비폭력으로 저항하며 양심과 믿음을 지킨 위그노들이 최후 승리자가 된 것입니다.

우리는 언제나 하나님의 방법을 배우고 순종해야 합니다. 십자가는 비폭력 저항의 상징입니다. 거기에는 어떤 복수나 무력도 없습니다. 헬라인에게는 어리석은 것이고 유대인에게는 부끄러운 것으로 여겨진 십자가는 악을 이기고 세상을 구원하는 하나님의 지혜입니다. 오늘도 이 십자가 정신으로 선으로 악을 이기며 살아갑시다. 최후 승리 얻을 때까지!

기도

하나님 아버지, 저에게 악을 용납하지 않는 단호함을 주시옵소서. 악과 담대히 싸워 이기는 용기를 주시되 선으로 악을 이기게 하옵소서. 주님이 몸소 보여주신 십자가의 길, 사랑과 용서의 길, 비폭력 저항의 길을 걸어가게 하옵소서. 예수님의 이름으로 기도드렸습니다. 아멘

노트

마틴 루터 킹 | 나는 비폭력적인 진리와 조건 없는 사랑이 진실로 최후의 복음임을 믿는다. 이것이 일시적으로 패배한 것처럼 보이는 정의가 일시적으로 승리하는 것처럼 보이는 악보다 강한 이유다.

오늘의 나의 묵상

그 노
위 처럼

DAY 5

주 안에서 행복하라

"이스라엘이여 너는 행복한 사람이로다
여호와의 구원을 너 같이 얻은 백성이 누구냐
그는 너를 돕는 방패시요 너의 영광의 칼이시로다 네 대적이
네게 복종하리니 네가 그들의 높은 곳을 밟으리로다"

신 33:29

행복은 모든 이들의 염원입니다. 누구나 행복을 추구하며 살아갑니다. 알베르 카뮈는 "행복은 사람이 시간을 들여 집중하는 모든 것"이라고 했습니다. 우리 조상들은 행복하기 위해 부적처럼 복(福)이라는 글자를 숟가락과 베개 모서리, 대문 위 등 여기저기에 새겨 넣었습니다.

그러나 "행복하세요?"라고 물으면 선뜻 "그렇다"고 대답하는 사람은 적습니다. 우리의 행복은 일시적이고 상대적입니다. 잠시 행복을 느끼다가도 한순간에 불행에 빠지기도 합니다. 볼테르의 말처럼 행복은 단지 꿈에 불과한 것일까요? 그렇지 않습니다. 성경은 우리에게 진정한 행복의 길을 가르쳐 주고 있습니다.

누가 행복한 사람일까요? 하나님이 정해주신 길을 가는 자가 행복한 사람입니다. 하나님은 사람을 행복한 존

한 줄 묵상

**불행이라는 감정에 속지 말고 이미 당신은 주 안에서
행복한 존재임을 기억하십시오.**

재로 만드셨습니다. 인간은 하나님이 만드신 목적대로, 하나님이 제시해 주신대로만 살면 행복하게 되지만 그만 꾀를 내고 말았습니다. 하나님 없이 행복해 보려 한 겁니다. 그래서 하나님이 정해주신 길을 일부러 이탈했습니다. 잔꾀를 부린 거지요.

"내가 깨달은 것은 오직 이것이라 곧 하나님은 사람을 정직하게 지으셨으나 사람이 많은 꾀들을 낸 것이니라."(전 7:29)

인간의 불행은 하나님이 정해주신 길을 떠나면서 시작되었습니다. 그때부터 인생이 복잡해졌습니다. 인생이 행복해지는 길은 간단합니다. 하나님이 정해주신 길로 돌아서는 겁니다.

이 땅에서 행복을 추구하는 것이 아니라 행복한 존재

가 되는 것이 중요합니다. 행복은 소유(having)가 아니라 존재(being)에 달려있습니다. 행복한 사람만이 참된 행복을 누릴 수 있습니다.

예수님께서 말씀하신 행복의 조건이 있습니다. '심령이 가난한 사람, 슬퍼하는 사람, 온유한 사람, 의에 주리고 목마른 사람, 자비를 베푸는 사람, 마음이 깨끗한 사람, 평화를 위하여 일하는 사람, 의를 위해 살다가 박해를 받는 사람….' 행복의 조건은 이런 사람이 되는 겁니다. 세상적인 행복의 조건과는 너무도 다르지요. 그러나 이런 사람들만이 행복한 존재가 될 수 있다고 예수님은 분명히 말씀하셨습니다.

예수님은 세상이 행복을 위해 추구하는 돈과 성공, 명예, 권력 등을 내려놓고 먼저 하나님이 기뻐하시는 존재가 되라 하셨습니다. 우리는 기존 행복의 패러다임을 바꿔야 합니다. 소유에 대한 욕망을 내려놓고 주님의 길을 걸어갈 때, 진정 행복해집니다.

이스라엘 백성들의 광야길은 참으로 척박하고 험난했습니다. 그래서 그들이 불행했나요? 그렇지 않습니다. 모세는 "이스라엘이여, 너는 행복자로다"라고 말했습니다. 세상이 보기에는 패배자와 같았던 그들이 어떻게 행복자가 될 수 있나요? 하나님이 택하셨고, 구원하셨고, 동행하셨고, 인도하셨기 때문입니다.

16~18세기 위그노들은 우리와는 상대가 되지 않을 정도로 어려운 환경에서 살았습니다. 오랫동안 박해를 받았던 그들은 스스로 불행하다고 생각했을까요? 아닙니다! 남프랑스에 있는 광야박물관 마지막 방의 벽에 이런 말씀이 큼지막하게 쓰여 있습니다. "의를 위하여 박해를 받는 자는 행복하여라."

위그노들은 주님과 복음을 위해 십자가의 길을 걸어간 사람들입니다. 인간적으로 보면 고통스러운 삶이었지만 예수님이 말씀하신 행복의 조건에 딱 들어맞는 사람들이었습니다. 그래서 그들은 고난 가운데에서도 행복자로 살 수 있었습니다. 자신들이 주님 안에서 이미 행복한 존재임을 알았기 때문입니다. 자신들이 걸어가는 고난의 길이야말로 예수님이 걸어가신 영광의 길임을 알았기 때문입니다.

크리스천들은 주 안에서 행복한 존재들입니다. 어떤 경우에도 절대로 '나는 불행하다'고 생각하지 마십시오. 행복의 근원이신 주님과 동행할 때 누구도, 어떤 것도 우리의 행복을 빼앗을 수 없습니다. "나는 행복자로다"라고 세 번 외치고 하루를 시작해 보시기 바랍니다.

기도

하나님 아버지, 불행이라는 감정에 속지 않게 해주십시오. 하나님이 이미 저를 행복한 자로 불러주셨음을 믿습니다. 이 시간, 저는 행복자임을 고백하고 선포합니다. 믿음으로 하나님이 정해주신 행복의 길을 좌로나 우로나 치우치지 않고 걷게 하옵소서. 예수님의 이름으로 기도드렸습니다. 아멘

노트

앤디 앤드루스 | 오늘 나는 행복한 사람이 될 것을 선택하겠다. 내가 만들지 않은 인생은 없다. 다만 행복한 이는 행복하기를, 불행한 이는 불행하기를 선택했을 뿐이다. 하나님은 우리의 인생을 결정해 주시는 것이 아니라 우리 스스로 훌륭한 인생을 선택하기를 기다리신다

오늘의 나의 묵상

선한 일에 부유한 자가 되라

DAY 6

너희 안에서 착한 일을 시작하신 이가
그리스도 예수의 날까지 이루실 줄을 우리는 확신하노라
빌 1:6

진정한 부자는 '선한 일에 부유한 자'입니다. 선한 일은 오직 선하신 분이신 하나님의 뜻을 이루는 것입니다. 선한 일을 계획하고 행하기 위해서는 용기가 필요합니다. 세상이 우리의 선한 마음을 인정하지 않고 그 의도를 의심하기 때문입니다. 그럴 때면 억울한 마음이 들고 '내가 이렇게까지 하면서 이 일을 해야 하나?'라는 생각과 회의가 엄습합니다.

그래서 사도 바울은 빌립보 성도들에게 "선을 행하다가 낙심하지 말라"고 권면했습니다. 선을 행하는 길에 우리를 낙심시키는 장애물이 널려 있기 때문이지요. 하나님의 선한 뜻을 따라 행하기는 더 어렵습니다. 오해를 넘어서 박해까지 각오해야 합니다. 그럴 때 필요한 것은 믿음입니다. 하나님께서 이 일을 기뻐하신다는 확신과

한 줄 묵상

우리를 낙심케 하는 일이 많기 때문에 선한 일을 계획하고 행하기 위해 용기가 필요합니다.

우리 속에 착한 일을 시작하신 하나님께서 그 일을 이루게 하실 것이라는 믿음이 있어야 합니다. 그러면 용기를 낼 수 있습니다.

12세기 프랑스 리옹(Lyon)에 피에르 왈도(Pierre Waldo)라는 매우 부유한 상인이 있었습니다. 그는 성경의 부자 청년 이야기에 큰 감명을 받았습니다.

"예수께서 이르시되 네가 온전하여지고자 할진대 가서 네 소유를 팔아 가난한 자들에게 주라 그리하면 하늘에서 보화가 네게 있으리라 그리고 와서 나를 따르라 하시니"(마 19:21)

그는 자신의 재산을 정리해 아내와 딸에게 일정 부분 그들의 몫을 주고 나머지는 팔아서 가난한 자들에게 나눠주었습니다. 그의 삶에 감동한 이들이 모여들었고 사람들은 그들을 '리옹의 가난한 자들'이라고 불렀습니다.

그는 라틴어로 된 시편과 복음서, 교부들의 이야기를 프랑스어로 번역, 출판해 사람들에게 보급했습니다. 그들에게 말씀을 가르쳤으며 무엇보다 그 스스로 말씀을 삶에서 실천했습니다. 그들의 성경 보급과 복음 전파는 16세기 종교개혁에 영향을 준 위대한 영적 운동이 되었습니다.

그렇다고 모두에게 환영받은 건 아닙니다. 그의 선한 의도와 삶이 당시 교권주의자들의 오해를 받으면서 박해를 당해야 했습니다. 결국 1215년 제4차 라테란 종교회의에서 이단으로 정죄되어 리옹에서 쫓겨났습니다. 이후 왈도의 제자들은 수 세기 동안 고초와 박해, 순교의 길을 걸어야만 했습니다.

16세기 센강 남쪽 '작은 제네바'라고 불리는 지역에 살던 르 비꽁뜨라는 사람은 자신의 집을 개신교도들에게 예배 처소로 내어주었습니다. 그곳에서 프랑스 개신교 최초의 세례가 베풀어지고 제1차 프랑스 개신교 총회가 열리게 됩니다. 르 비꽁뜨는 프랑스 종교개혁 과정에서 결정적 역할을 했습니다. 하지만 그 일로 그의 아내와 아버지는 프랑스 당국에 체포되어 모진 고초를 당했습니다.

이처럼 선하고 착한 일을 한다고 모두에게 환영받는

건 아닙니다. 반대와 적대, 오해와 음해, 박해를 당할 수 있습니다. 각종 뜬소문과 악성 댓글에 시달릴 수도 있습니다. 그럴 때면 화가 나기도 하고 억울한 마음이 들기도 합니다. 그렇다고 그만두어서는 안 됩니다. 마땅히 해야 할 일을 포기하면 결국 후회하게 됩니다.

오히려 그럴 때일수록 성령의 도우심을 간구하며 용기를 가지고 선한 일에 힘써야 합니다. 그리하여 왈도처럼 '선한 일에 부유한 자'가 되어야 합니다. 그렇게 하다 보면 결국 그들이 우리의 착한 행실과 선한 일을 보고 하나님께 영광을 돌리는 날이 올 겁니다.

오늘도 하나님을 위한 선한 일을 계획하십시오. 하나님이 도우셔서 일을 이루게 하실 것입니다. 자신을 깨끗한 그릇으로 준비하십시오. 그러면 하나님의 쓰임에 합당하게 됩니다.

"그러므로 누구든지 이런 것에서 자기를 깨끗하게 하면 귀히 쓰는 그릇이 되어 거룩하고 주인의 쓰심에 합당하며 모든 선한 일에 준비함이 되리라"(딤후 2:21)

선한 일에 힘쓰십시오. 그렇지 않으면 우리 마음을 선하지 못한 일에 빼앗기게 됩니다. 선한 일에 용기를 내십시오! 그러면 당신은 가치 있는 인생을 살게 될 것입니다.

기도

하나님 아버지, 오늘도 주님을 위해서 선한 일을 계획하고 그 일을 이루며 살고 싶습니다. 한 번 사는 인생 가치 있게 살고 싶습니다. 하지만 오해와 반대와 비난이 두려운 게 사실입니다. 성령님, 저에게 믿음과 용기를 부어주십시오. 예수님의 이름으로 기도드렸습니다. 아멘

노트

마더 테레사 | 사람들은 불합리하고 자기중심적이며 비논리적이다. 그래도 사랑하라. 당신이 선한 일을 행하면 이기적인 동기에서 하는 것이라고 비난을 받을 것이다. 그래도 좋은 일을 행하라. 당신이 성실하면 거짓된 친구들과 참된 적을 만날 것이다. 그래도 성실하라. 당신이 선한 일을 하면 잊혀질 것이다. 그래도 선을 행하라. 당신이 정직하고 솔직하면 상처받을 것이다. 그래도 정직하고 솔직하라. 사람들은 도움이 필요하면서도 도움을 주면 공격할지 모른다. 그래도 도와주라. 세상에서 가장 좋은 것을 주면 당신은 발길로 채일 것이다. 그래도 가진 것 중에 가장 좋은 것을 주어라.

오늘의 나의 묵상

위그노처럼 / DAY 7

인생 광야에서 하나님만 바라보라

"이르되 내가 받는 고난으로 말미암아 여호와께 불러 아뢰었더니 주께서 내게 대답하셨고 내가 스올의 뱃속에서 부르짖었더니 주께서 내 음성을 들으셨나이다"

욘 2:2

고난을 겪는 삶의 현장은 '인생 광야'입니다. 광야에는 생존을 위협하는 것들로 가득합니다. 물과 식량을 얻을 수 없고 뱀과 전갈의 공격을 받습니다. 해와 달도 사람의 건강을 위협합니다. 누군가의 도움의 손길도 기대하기 어렵습니다.

대부분의 사람들은 삶을 살면서 필연적으로 인생 광야를 만납니다. 막막한 그 시간에 절망과 두려움이 파도처럼 밀려옵니다. 그렇다고 이웃에게 도움을 청할 수도 없습니다. 도움을 받아도 큰 도움이 되지 않습니다. 그들도 스스로의 광야에서 허우적거리고 있기 때문입니다. 자기 코가 석 자입니다.

사람은 누구나 자신만의 광야를 만납니다. 아브라함의 광야, 요셉의 광야, 모세의 광야, 다윗의 광야, 엘리야

한 줄 묵상

**앞도 뒤도 좌우도 막혀 있는 광야에서 눈을 들어
하나님을 바라보면 광야를 통과할 길이 보입니다.**

의 광야, 세례 요한의 광야, 예수님의 광야…. 그들은 모두 자기만의 광야를 통과했습니다. 우리도 우리만의 광야를 감당해야 합니다.

광야를 통과한 이들의 공통점이 있습니다. 하나님을 바라본 것입니다! 그들은 모두 광야에서 하나님을 바라봤습니다. 아니 '하나님만' 바라봤습니다. 앞도 뒤도 좌우도 막혀 있을 때는 위를 바라봐야 합니다. 거기에 우리를 도우시는 하나님께서 계시기 때문입니다.

"내가 산을 향하여 눈을 들리라 나의 도움이 어디서 올까 나의 도움은 천지를 지으신 여호와에게서로다"(시 121:1~2)

험한 광야를 지나 예루살렘을 향해 가던 성도들이 불렀던 노래입니다. 그들은 광야길에서 "하나님만이 우리를 도우시는 분이시다"라고 고백했습니다.

그러면 어떻게 하나님을 바라볼 수 있을까요? 기도와 묵상과 영적 독서를 통해서입니다. 광야에서는 기도해야 합니다. 인생 최대의 위기를 만난 요나의 광야는 물고기 뱃속이었습니다. 먹이 썩는 냄새, 비위를 상하게 하는 비린내, 부족한 산소, 칠흑 같은 어두움, 코앞에 닥친 죽음 등 요나가 직면한 광야는 지옥(스올) 그 자체였습니다. 거기서 그는 하나님을 찾기 시작했습니다. "내가 받는 고난으로 말미암아 여호와께 불러 아뢰었더니"

그러자 하나님이 그의 기도를 들으셨고 물고기가 그를 육지로 토해냈습니다. 이처럼 깊은 고난을 만날 때는 부르짖는 기도가 필요합니다. 삶과 죽음의 경계에 서 있을 때는 부르짖어 기도해야 합니다. 눈물 콧물 흘리며 하나님을 찾아야 합니다. 우리의 입에서 기도가 터지지 않는다면 아직 덜 절박하기 때문입니다.

"너는 내게 부르짖으라 내가 네게 응답하겠고 네가 알지 못하는 크고 은밀한 일을 네게 보이리라"(렘 33:3)

하나님은 애간장을 태우며 부르짖으며 절박하게 기도하는 자를 절대 외면하지 않으십니다. 광야를 지나 끝내 약속의 땅에 서게 하십니다.

광야에서는 묵상해야 합니다. 묵상은 모든 것을 내려놓고 하나님 앞에 서는 것, 침묵 가운데 머무는 것입니다. 묵상의 시간은 하나님 앞에서 모든 것을 멈추고 하나님의 말씀을 기다리는 시간입니다. 그러다가 주님의 말씀을 듣게 되면 살아납니다. 그 말씀이 임할 때, 광야 같은 건 문제도 되지 않습니다. 하나님의 말씀이 훨씬 크고 강하기 때문입니다.

광야는 하나님의 음성을 듣는 장소입니다. 히브리어로 광야인 '미드바르'는 말씀을 뜻하는 '다바르'에서 왔습니다. 하나님은 광야에서, 광야를 통해서 말씀하십니다. 우리가 잠잠히 하나님 앞에 머물 때 말씀하십니다. 그 말씀을 들으면 광야를 통과할 힘과 지혜가 솟아납니다.

광야에서는 영적 독서를 해야 합니다. 시편을 읽다 보면 그것이 우리의 기도와 묵상이 됩니다. 특히 다윗이 거친 인생 광야를 걸으며 기록한 탄원 시편은 큰 힘이 됩니다. 위그노들도 힘들고 거친 광야를 지날 때 시편을 읽었습니다. 제네바에서 인쇄되어 암암리에 들어온 순교자들의 이야기를 읽었습니다.

이처럼 영적 독서는 광야를 통과하는 데 큰 도움이 됩니다. 조용한 장소를 찾아 시편과 경건 서적을 읽어나가는 동안 우리 영혼의 시선은 어느새 하나님을 향하게 되기 때문입니다.

기도

하나님 아버지, 저는 지금 광야 한복판에 서 있습니다. 저를 도우실 이는 오직 하나님 한 분뿐임을 고백합니다. 그래서 오직 하나님만을 바라봅니다. 이 기막힌 절망의 수렁에서 건져내어 반석 위에 세워 주십시오. 인생 광야길을 걸어가더라도 주님을 잊지 않게 해 주세요. 어디서든 주님과 동행하며 "내가 매일 기쁘게"를 노래하는 인생 되기를 원합니다. 예수님의 이름으로 기도드렸습니다. 아멘

노트

D.L. 무디 | 용기를 내라. 우리가 오늘은 광야에서 걷지만, 내일은 약속의 땅에서 걸을 것이다.

오늘의 나의 묵상

위 그 노
처 럼

DAY
8

고난의 영광을 알라

"오히려 너희가 그리스도의 고난에 참여하는 것으로
즐거워하라 이는 그의 영광을 나타내실 때에
너희로 즐거워하고 기뻐하게 하려 함이라"

벧전 4:13

'의인이 당하는 고난'의 문제는 신학의 난제입니다. '하나님이 정의로우시다면 왜 의인이 고난을 겪어야 하는가?'는 욥기 전편에 흐르는 질문입니다. 이에 대해 욥은 이렇게 결론을 내립니다. '그럴지라도 하나님은 옳으시다.' 놀라운 고백이 아닙니까? 욥은 자신이 당하는 고난을 머리로는 도저히 이해할 수 없지만 믿음으로 받아들였습니다. '하나님은 언제나 선하시다'는 사실을 신뢰했기 때문입니다.

하나님은 고난을 통해 의인을 단련하셔서 순금으로 만들어 내십니다. 이것을 신학적으로는 '신정론'이라고 합니다. 우리 역시 욥처럼 도저히 이해할 수 없는 고난을 겪을 땐 '분명히 하나님은 선한 뜻을 갖고 계실거야'라고 생각해야 합니다. 그러면 반드시 고난을 지나 유쾌한 날

한 줄 묵상

**성도의 고난은 그리스도의 고난에 참여하는 것으로
우리는 고난을 통해서 그리스도와 운명 공동체가 됩니다.**

을 맞이하게 됩니다.

베드로는 여기에 더 놀라운 의미를 추가합니다. "성도의 고난은 그리스도의 고난에 참여하는 것이다." 바울도 마찬가지였습니다. "이후로는 누구든지 나를 괴롭게 하지 말라 내가 내 몸에 예수의 흔적을 지니고 있노라."(갈 6:17) 주님과 그의 나라를 위해서 살다가 겪는 고난은 주님의 고난에 참여하는 영광스러운 일입니다. 우리는 고난을 통해 주님과 같은 배를 탑니다. 그리스도와 내가 운명 공동체가 되는 것입니다. 그래서 성도가 당하는 고난은 슬픈 게 아니라 기쁘고 즐거운 겁니다.

초대교회 성도들은 이 고난을 자처했습니다. 순교마저도 피하지 않았지요. 주후 313년 콘스탄티누스 황제가 기독교를 공인한 후에 점차 박해가 사라지자 어떤 이들은 이집트 광야로 나가 빈한하고 고달픈 삶을 자처하며 기도 생활을 이어갔습니다. 그렇게 해서라도 그리스도의 고난에 참여하고 싶어서였지요. 그게 수도원의 기원입니다.

이탈리아 아시시의 성 프란체스코 성당에는 조토가 그린 '성스러운 흔적을 받은 성 프란체스코'라는 이름의 프레스코화가 있습니다. 프란체스코 생애의 하이라이트를 그린 것입니다. 그는 금수저였지만, 예수님을 만난 후에 소중한 것을 버리고 흙수저의 삶을 자처하며 가난한 이들의 벗이 되었습니다.

그로 인해서 탁발수도회가 만들어져 죽어가는 중세 교회에 생명을 불어넣었습니다. 그는 그렇게 예수 그리스도의 고난에 참여했습니다. 고난 이후의 영광을 알았기 때문이겠지요. 그가 죽기 2년 전에 그의 손과 발 그리고 옆구리에 예수 그리스도의 상처가 나타났다고 합니다. 그가 그리스도의 고난에 온전히 참여했다는 증거였습니다.

위그노도 오랜 세월 모진 고난의 터널을 통과해야 했습니다. 그들은 기꺼이, 또는 어쩔 도리가 없어서 그 고난의 길을 걸어갔을 겁니다. 그들의 심정이 어떠했을까요? 슬픔 가득했을까요? 신세를 한탄하며 원망했을까요? 그렇지 않았습니다. 그 길이 그리스도의 고난에 참여하는 여정임을 알았기 때문입니다.

남프랑스에 있는 광야 박물관 마지막 방에 개혁신앙을 가졌다는 이유로 붙잡혀 고문을 당한 후에 쇠사슬에 묶여 끌려가는 한 무명 위그노의 모습을 그린 그림과 시가 있습니다. 이 사람은 맨발로 수백 리 길을 걸은 후에 노예선에 들어가 노를 젓다가 죽게 됩니다. 그렇지만 그는 이렇게 기도했습니다. "주님이시여, 저로 하여금 저를 묶고 있는 쇠고리를 혼인 반지로 보게 하시고 저를 끌고 가는 이 쇠사슬을 당신의 사랑의 사슬로 보게 하소서." 얼마나 감동적인지요.

현대 교회는 점차 십자가 없는 종교가 되어가고 있습니다. 나를 위해서 예수께서 짊어지신 십자가는 사랑하지만 내가 감당해야 할 십자가는 애써 외면합니다. 예수의 고난으로 인한 은혜는 누리려면서도 다른 이를 위한 작은 헌신도 부담스럽게 생각합니다. 신앙생활을 취미생활 정도로 여깁니다. 예수를 이용해 이 땅에서 잘 먹고 잘사는 것만을 좋아합니다. 십자가 신앙이 아니라 번영신앙 주위를 기웃거립니다. 그리스도의 고난에 참여하는 가치와 영광을 잊었기 때문입니다.

오늘 하루를 시작하면서 우리 신앙의 현주소를 점검해 보시기 바랍니다. '나는 주님의 고난에 참여하기를 기뻐하는가? 아니면 부담스러워하고 부끄러워하는가?'

기도

하나님 아버지, 오늘 제가 마땅히 짊어져야 할 십자가를 즐거운 마음으로 감당하기 원합니다. 그것이 비록 고난의 길이라고 할지라도 주님의 고난에 참여하는 영광스러운 자리임을 마음에 새기고 감사하며 걸어갈 수 있도록 용기와 힘을 더하여 주소서. 주님이 지신 십자가를 늘 기억하며 제 삶의 십자가를 회피하지 않게 해주십시오. 그래서 그리스도의 남은 고난을 감당하는 참된 신자가 되게 하소서. 예수님의 이름으로 기도드렸습니다. 아멘

노트

H.W. 롱펠로 | 싫고 괴로운 일도 정면에서 받아들일 필요가 있다. 아무리 고달파도 싸움에서 우는 소리를 하거나 손을 드는 것은 금물이다. 아, 이런 세상에서 두려워 말라. 그러면 곧 알게 되리라. 고통을 겪은 다음 강해지는 것이 얼마나 장엄한가를.

오늘의 나의 묵상

고난을 창조적으로 해석하라

위그노처럼
DAY 9

"사랑하는 자들아, 너희를 연단하려고 오는 어려운 시험을
이상한 일 당하는 것같이 이상히 여기지 말고"

벧전 4:12

인생은 고난의 연속입니다. 누구도 고난을 피할 수 없습니다. 인생의 대주제인 고난을 피할 수는 없지만 그 고난을 창조적으로 해석할 자유가 인간에게는 있습니다. 사건보다는 해석이 중요합니다. 고난을 믿음으로 받아들이며 새롭게 해석할 때, 고난의 진흙 속에 숨겨진 영롱한 진주를 발견할 수 있습니다.

베드로는 극심한 박해와 고난을 경험했습니다. 예루살렘에서 체포되어 매를 맞고 풀려났고 옥에 갇혔다가 천사의 도움으로 나오기도 했습니다. 그는 평생 고난과 죽음의 위협 속에 살다가 로마에서 순교했지요. 그런 그가 하는 말씀을 들으십시오. "너희를 시련하려고 오는 불시험을 이상한 일 당하는 것같이 이상히 여기지 말고"(벧전 4:12) 왜요? 고난은 우리를 단련하는 수단이기 때문입니

한 줄 묵상

**고난은 옥석을 가려내는 과정으로
그것을 감당한 사람은 보석이 됩니다.**

다. 베드로는 고난을 믿음으로 해석했습니다.

초대교회 성도들은 불시험을 당했습니다. 불시험은 쇠를 녹여 버리는 풀무불로 가해집니다. 사람의 능력으로는 견디기 어려운 시험입니다. 하지만 그 불은 성도들의 믿음을 태워 없애지 못했고, 오히려 그들의 신앙을 더 빛나게 만들었습니다. 불같은 시험과 고난은 옥석을 가려내는 과정입니다. 고난을 감당한 이는 보석과 같은 사람이 됩니다. 고난이 올 때 피하거나 타협하지 않고 용기를 내서 감당한다면, 당신도 보석과 같은 사람이 될 수 있습니다.

위그노들은 고난의 풀무불을 통과한 사람들입니다. 1534년 10월 17일의 '대자보 사건'으로 분노한 프랑수아 1세는 개신교도들에 대한 박해를 시작했습니다. 열성적인 개신교도들이 가톨릭교회의 예배인 미사를 비난하는 글을 파리와 인근 도시, 그리고 앙브와즈 성에 있는 왕의 침실 문 앞에 내걸었기 때문입니다.

그의 아들 앙리 2세는 1551년에 '샤토브리앙 칙령'을 선포하면서 더 강하게 박해했습니다. 성경과 개신교 서적을 소유하거나 읽는 것을 금지하고, 종교개혁에 연루된 사람들을 잡아서 화형에 처했습니다. 그는 위그노가 화형을 당할 때 소리를 지르거나 찬양하지 못하도록 혀를 잘랐습니다. 앙리 2세의 왕비인 카트린 드 메디치는 자신의 딸 마르고 공주와 부르봉 왕가의 공작 앙리 3세의 결혼식이 끝난 뒤 며칠 후인 1572년 8월 24일에 루브르궁전 앞에서 개신교도 3천 명을 죽여 센강에 던지는 등 전국적으로 무려 7만 명을 죽이는 대학살을 자행했습니다.

루이 14세는 낭트 칙령을 폐지하고 "프랑스 땅에는 하나의 왕, 하나의 종교, 하나의 법만 존재한다"라며 위그노들을 전멸시키려 했습니다. 102년간 지속된 이 박해의 기간을 '교회의 광야 시대'라고 부릅니다. 너무나 길고 험난한 시간이었습니다. 하지만 박해와 고난은 그들을 침몰시키기는커녕 오히려 순금같이 빛나게 만들었습니다. 그들이 그 고난을 피하거나 타협하지 않고 감당했기 때문입니다.

어떻게 그럴 수 있었을까요? 거기에는 비결이 있었습니다. 바로 해석입니다. 그들은 자신들의 광야를 이스라엘의 광야와 동일시했습니다. 광야를 그저 물과 양식이 없고, 작열하는 태양과 독을 품은 전갈이 우글거리며, 아말렉같은 적이 출몰하고, 끝이 보이지 않는 절망의 장소로 보지 않았습니다. 대신 광야의 여정을 이집트의 노예 습성을 뿌리뽑고 약속의 땅인 가나안에 들어가기 위한 준비과정으로 해석했습니다. 그래서 견딜 수 있었습니다.

'믿음의 해석'은 희망을 낳습니다. 그 희망은 절망을 몰아내고 고난을 감당하는 힘이 됩니다. 그 고난으로 그들은 더 순수해졌고, 복음 신앙을 보존할 수 있었으며, 세계사를 변화시키는 주역이 되었습니다.

당신은 지금 고난 중에 있습니까? 그 고난을 피하지 마십시오. 고난과 타협하지 말고 직면하십시오. 믿음으로 해석하십시오. 위그노처럼! 그러면 고난의 의미를 재해석하고, 그것을 통해 희망을 품을 수 있습니다. 무엇보다 끝까지 고난을 감당하십시오. 그러면 고난 속에서 정결하게 되고 성숙해지는 축복의 열매를 열두 광주리 가득 거두게 될 겁니다.

기도

하나님 아버지, 믿음의 선배인 위그노들이 박해와 고난 속에서도 굴복하지 않고 끝까지 견디며 순금처럼 나온 것을 기억하게 하시니 감사합니다. 저희 또한 기가 막힌 고난의 광야를 지날 때, 타협하거나 절망하지 않게 하소서. 용감하게 고난과 직면하고 그것을 믿음으로 해석하는 지혜를 주소서. 그리고 고난 속에서 절망이 아닌 희망을 보는 눈을 열어주소서. 예수님의 이름으로 기도드렸습니다. 아멘

노트

토마스 아 켐피스 | 때로는 슬픔과 역경이 우리에게 유익을 주기도 한다. 때때로 선한 동기에서 나온 우리의 행동이 악한 것으로 오해받을 때가 있다. 그러나 시간이 지나면 이 또한 합력하여 선을 이루는 한 과정임을 깨닫게 된다. 이런 경험을 통해 우리는 더욱 겸손해지고 헛된 영광으로부터 자신을 지켜나가는 법을 깨달아 간다.

오늘의 나의 묵상

위 그 노
처   럼

DAY
10

먼저 자신을 개혁하라

"너희는 이 세대를 본받지 말고 오직 마음을
새롭게 함으로 변화를 받아 하나님의 선하시고
기뻐하시고 온전하신 뜻이 무엇인지 분별하도록 하라"
롬 12:2

개혁은 자신으로부터 시작되어야 합니다. 남을 판단하고 사회를 비판하고 교회를 탓하기 전에 먼저 자신의 모습을 돌아봐야 합니다. 자기를 개혁하지 않고 개혁을 운운하는 것은 어불성설입니다. 그런 사람은 모양새도 좋지 않고 영향력도 발휘하지 못합니다.

예수님께서도 "보라 네 눈 속에 들보가 있는데 어찌하여 형제에게 말하기를 나로 네 눈 속에 있는 티를 빼게 하라 하겠느냐"(마 7:4)라고 하셨습니다. 사도 바울도 "너희는 이 세대를 본받지 말고 오직 마음을 새롭게 함으로 변화를 받으라"(롬 12:2)고 권면합니다. 내가 변하면 주위에 있는 사람에게도 변화가 일어납니다.

진정한 개혁을 위해선 먼저 자기 성찰이 필요합니다. 조용히 앉아 자신의 내면을 들여다보십시오. 그러면 양

한 줄 묵상

진정한 개혁은 자신의 개혁으로부터 시작됩니다.

심의 거울에 비친 자신의 모습이 보일 것입니다. 하나님의 말씀을 읽고 묵상하십시오. 말씀은 우리 영혼을 비추는 영적 거울입니다. 말씀 앞에 서면 나의 진정한 모습이 적나라하게 드러납니다. 그 거룩한 말씀 앞에서는 누구나 자신의 부끄러운 모습을 보게 됩니다.

진심으로 예수 십자가 앞에 서면 누구나 바울처럼 "나는 죄인 중의 괴수"라고 고백하게 됩니다. 그때 영혼 깊은 곳으로부터 참회가 일어납니다. 그 순간, 이렇게 기도하십시오. "주 예수 그리스도시여, 저를 이 흉악한 죄에서 건져주시고, 저의 형편없는 인격을 고쳐주시고, 제 몸과 마음을 새롭게 해주소서."

루터는 교회와 세상의 문제보다 먼저 자신의 문제를 붙들고 고민하며 기도했습니다. 루터는 에르푸르트의 어거스틴 수도원에서 깊이 성찰한 끝에 자신이 뼛속부터 죄인임을 알게 되었습니다. 시간이 갈수록 고민은 깊어졌습니다. 기도와 고행과 학문이 그 죄의 문제를 해결해주지 못했습니다. 바울처럼 오랜 시간 자신의 문제로 몸부림쳤습니다.

그러다 비텐베르크에서 교수로 일하며 시편과 로마서를 강해하는 중에 하나님의 의와, 그 의에 이르는 길을 깨닫게 되었습니다. 오직 예수 그리스도를 믿는 믿음으로 죄의 문제를 해결하고 구원을 받을 수 있다는 사실을 깨달은 것입니다. 이렇듯 루터는 먼저 자신을 성찰하고 변화를 이루며 개혁자의 길로 들어설 수 있게 되었습니다. 그렇습니다. 먼저 자신의 문제를 해결하고 나서야 우리도 개혁자의 삶을 살 수 있습니다.

삶의 변혁을 이루기 위해선 생활 태도와 방식을 바꿔야 합니다. 신앙을 가졌다는 것은 패러다임이 변화됐다는 이야기입니다. 가치관이 변해야 믿음과 삶의 완전체가 됩니다. 이 세대를 본받으며 살던 삶에서 예수를 본받고 하나님 나라의 방식을 따르는 삶으로 전환해야 합니다.

이것은 하루아침에 되지 않습니다. 훈련이 필요합니다. 규칙적으로 성경을 읽어야 합니다. 모든 성경은 하나님의 감동으로 된 것으로 교훈과 책망과 바르게 함과 의로 교육합니다. 개인 묵상과 기도 시간을 가지십시오. 신앙 서적을 읽으십시오. 그리고 일기나 글을 쓰십시오. 이런 과정을 경건 훈련이라고 합니다. 경건 훈련을 신종 율법주의나 금욕주의라고 비난하는 이들의 말은 무시하십시오.

물론 경건 훈련만을 통해 우리가 변화되는 건 아닙니다. 진정한 변화는 전적으로 하나님의 은혜에 의해서 이뤄집니다. 다만 경건 훈련은 우리를 변화시키시는 성령님 앞에 나를 가져다 놓는 것이며 은혜의 자리로 가는 겁니다. 부지런히 나의 자아를 그분 앞에 내놓다 보면 부지불식 간에 성령님께서 우리의 옛 습관을 제거하시고 하나님 나라의 방식으로 바꿔주십니다. 결국 모든 것은 하나님의 은혜입니다. 우리의 변화까지도요.

변화를 위한 첫걸음을 내딛는 것이 중요합니다. 내 삶의 개혁을 내일로 미루지 마십시오. 포기하지 마십시오. 계속 전진하십시오. 그러다 보면 어느 날, 나의 옛 자아가 파쇄되고, 내 안에 주님이 주신 새로운 생명의 싹이 올라오는 것을 발견할 것입니다. 이것이 거듭남입니다. 지금 당장 이것을 소망하며 거룩의 훈련을 시작하십시오!

기도

하나님 아버지, 저는 그동안 남의 눈의 티끌을 보며 판단하고 비난하며 탓하는 삶을 살았습니다. 그러면서 제 눈에 있는 들보는 보지 못했습니다. 어리석은 저를 용서해 주십시오. 이제는 자신을 먼저 돌아보고 제 삶을 먼저 개혁하는 인생이 되기를 원합니다. 은혜의 성령님 앞에 엎드리오니 변화시켜 주옵소서. 오늘, 바로 이 시간에 담대하게 변화의 걸음을 내딛게 하옵소서. 제 안에 주님 주시는 생명의 싹이 돋아나게 하소서. 예수님의 이름으로 기도드렸습니다. 아멘

노트

다산 정약용 | 부하를 단속하려면 먼저 자기 행실을 올바르게 가져야 한다. 자신이 올바르게 행동하면 엄명을 내리지 않아도 지시대로 들을 것이요, 자신이 부정한 행동을 하면 아무리 엄명을 내려도 듣지 않을 것이다.

오늘의 나의 묵상

위그노처럼

DAY
11

"내가 또 주의 목소리를 들으니 주께서 이르시되
내가 누구를 보내며 누가 우리를 위하여 갈꼬 하시니
그 때에 내가 이르되 내가 여기 있나이다
나를 보내소서 하였더니"
사 6:8

부르심에 즉각 응답하라

　도산 안창호 선생은 "지도자가 없음을 탓하지 말고 네가 지도자가 되어라"고 했습니다. 요즘 수많은 사람들이 여러 방면에서 개혁을 부르짖고 있습니다. 그러나 지금 우리에게 필요한 사람은 개혁을 말하는 자가 아니라 개혁의 길로 나서는 자입니다. 교회와 세상이 잘못됐다고 탓만 하는 것이 아니라 분연히 일어나 그 그릇된 것을 올바르게 바꾸려고 행동하는 사람이 필요합니다. 다른 사람의 이야기가 아닙니다. 당신이 바로 그 개혁자가 될 수 있습니다.

　개혁은 영어로 'reform', 즉 '틀을 바꾸다'는 뜻입니다. 세상사 모든 일들이 처음에는 좋게 시작되더라도 시간이 흐르면서 많은 문제가 쌓이게 됩니다. 그 문제가 임계점에 이를 때, 개혁이 필요하게 됩니다. 지금이 바로 그 순

한 줄 묵상

**개혁이 필요하다고 말하는 사람이 아니라
개혁의 길로 나서는 사람이 필요합니다.**

간입니다. 주님은 그 일을 감당하는 개혁자로 우리를 부르고 계십니다. 자신을 개혁하고, 교회와 세상을 바꾸는 일을 감당할 일꾼을 찾고 계신다는 것입니다.

남왕국 유다의 웃시야 왕이 죽던 해, 하나님은 이사야를 부르셔서 100년 후에 유다가 멸망하고 새로운 시대가 올 것을 알려주시며 이렇게 말씀하셨습니다. "내가 누구를 보내며 누가 우리를 위하여 갈꼬?" 사사 시대를 끝내고 왕정 시대를 열기 위해 하나님은 사무엘을 부르셨습니다. "사무엘아, 사무엘아…" 주님은 교회 시대를 열기 위해 사도들을 부르셨고 이방인에게 복음을 전하려 살기 가득한 채로 다메섹에 가던 사울을 부르셨습니다. 종교개혁 시대를 위해 루터와 칼뱅을 부르신 하나님은 포스트 코로나 시대에 새 일을 하시기 위해 우리를 부르고 계십니다. 이사야가 "내가 여기 있나이다. 나를 보내소서"라고 하나님의 부르심에 응답했듯이, 우리 또한 "주여, 내가 여기 있으니 나를 사용하여 주소서"라고 응답하면 됩니다.

　루터는 아버지의 뜻을 따라 법관이 되려 법을 공부하던 중에, 고향 집을 방문했다가 대학이 있는 에르푸르트로 간 적이 있었습니다. 그때, 슈토테르하임이라는 곳을 지나는데 갑자기 천둥과 번개가 내리쳤습니다. 놀라 땅에 엎드러진 루터는 "성 안나여, 저를 도우소서, 제가 신부가 되겠나이다"라고 고백했습니다. 그는 그 길로 에르푸르트에 있는 아우구스티누스 수도원에 들어가 수도사가 되었습니다. 그것이 루터가 종교개혁의 문을 여는 개혁자가 된 시발점이었습니다.

　장 칼뱅은 종교개혁에 전혀 뜻이 없었습니다. 어느 날 칼뱅은 파리 대학의 학장이던 친구 니콜라 콥의 만성절 연설문을 대신 써 주게 되었습니다. 연설문에는 루터의 사상과 비슷한 개혁적인 내용이 들어 있었습니다. 당시 가톨릭교회의 수호자였던 소르본 대학과 프랑스 법정은 그 내용이 이단적이라고 판결, 니콜라 콥과 칼뱅에 대한 체포령을 내렸습니다. 당시 파리 6구 팡테옹 근처에서 자취생활을 하던 칼뱅은 지붕을 타고 도망쳐 간신히 체포를 피할 수 있었습니다. 자신에겐 종교개혁의 뜻이 전혀 없었지만, 별안간에 개혁자로 몰리며 그 길로 들어서게 된 것입니다. 하나님이 상황을 통해서 그를 부르신 것입니다. 칼뱅은 제네바에서 종교개혁을 시작했으나 시의회의 반발로 추방되어 스트라스부르에서 박해를 피해 온 위그노들을 대상으로 목회를 하게 됩니다.

그러다가 다시 제네바로 돌아와 개혁을 완수해 달라는 요청을 받았습니다. 그도 인간인지라 많이 망설였습니다. 하지만 종교개혁 동지들의 간곡한 요청을 외면하지 못했고, 기도 가운데 그것이 하나님의 부르심이라는 사실을 깨닫게 됩니다. 그는 이렇게 고백하며 제네바로 돌아갔습니다. "즉시 그리고 신실하게, 나의 심장을 하나님께 바치나이다." 하나님은 부르심에 응답한 칼뱅을 통해 종교개혁을 완성하셨습니다.

하나님은 지금도 우리를 부르고 계십니다. 자격과 능력이 없다고요? 아닙니다. 순종하기만 하면 우리를 부르신 하나님이 능력과 지혜를 주셔서 어떤 방법으로든 사명을 감당하게 하십니다. 부담스럽고 두렵다고요? 당연합니다. 하지만 주의 성령이 임하시면 두려움은 사라지고 용기를 낼 수 있습니다. 결국 우리에게 필요한 것은 이 고백뿐입니다. "주여, 내가 여기 있나이다. 나를 사용하소서."

기도

하나님 아버지, 저는 지금까지 주님의 부르심을 애써 외면하며 살았습니다. 그 일을 감당하는 게 부담스럽고, 두렵고, 자신이 없었기 때문입니다. 이제 결단하고 순종하고자 합니다. 칼뱅처럼 주님의 뜻에 '즉시 그리고 신실하게' 저의 삶을 드립니다. 이제 주님 나라를 위해서 저를 사용하여 주소서. 부족한 저를 불러주시니 감사합니다. 담대히 "주여, 제가 여기 있나이다. 저를 사용하소서"라고 고백하게 하소서. 예수님의 이름으로 기도드렸습니다. 아멘

노트

허드슨 테일러 | 촛불은 양초에 불을 붙이는 순간부터 빛을 발한다. 신앙도 마찬가지다. 하나님이 부르시는 그 순간부터 우리의 삶은 빛을 발한다. 성경 지식이나 연륜이 아니다. 사람은 하나님의 부르심에 순종하는 순간부터 새로운 피조물이 된다. 중요한 건 그 부르심에 대한 당신의 결단과 거룩한 응답이다.

오늘의 나의 묵상

위 그 노
처 럼

DAY
12

단순한 삶을 살라

"너희의 단장은 머리를 꾸미고 금을 차고 아름다운
옷을 입는 외모로 하지 말고 오직 마음에 숨은 사람을
온유하고 안정한 심령의 썩지 아니할 것으로 하라
이는 하나님 앞에 값진 것이니라"

벧전 3:3~4

미니멀리즘(minimalism)은 단순함과 간결함을 추구하는 문화와 예술 사조입니다. 미니멀은 잡다한 군더더기를 제거한 단순하고 깔끔한 상태를 말합니다. 단순성은 그리스도인이 추구해야 할 영성이기도 합니다. 외적인 삶이 단순해야 내적인 삶에 집중할 수 있기 때문입니다. 그래서 베드로 사도는 외모를 꾸미는 일보다 마음에 숨은 속사람을 단장하라고 권면했습니다.

단순함의 목적은 본질 추구입니다. 모든 비본질적인 요소들을 제거해야만 본질이 드러납니다. 삶의 군더더기를 제거해야 인생의 순도를 높일 수 있습니다. 용광로에서 불순물이 제거되어야 순금이 나오듯 말입니다. 예수님의 삶과 가르침도 단순했습니다. 그분은 누구보다 바쁘신 분이었지만 오직 하나님 나라의 복음에 집중하셨

한 줄 묵상

**단순성이 그리스도인의 영성인 이유는 외적인 삶이 단순해야
내적인 삶에 집중할 수 있기 때문입니다.**

습니다. 어린아이나 배우지 못한 사람도 하나님 나라의 신비를 쉽게 알아듣고 이해할 수 있도록 단순하게 가르치셨습니다.

사실 진리는 복잡하지 않습니다. 단순합니다. 누구나 이해하기 쉽습니다. 설명이 길어진다는 건 진리로부터 멀어진다는 증거입니다. 단순성(simplicity)은 하나님의 말씀과 신앙의 본질을 선명하게 드러내고 하나님께 영광 돌리는 데 필요합니다. 이것저것 복잡하게 장식되어 있으면 진리와 신앙의 본질이 가려지고 하나님께 영광을 돌리는 일에도 방해가 됩니다.

단순성은 위그노와 개혁교회의 영성입니다. 그것은 목회자들의 복장에서부터 나타납니다. 가톨릭 사제들의 복장은 매우 화려하고 복잡합니다. 구약의 대제사장이

입는 옷과 같습니다. 하지만 개혁교회 목사들의 복장은 법관들이 입는 법복과 비슷합니다. 검은색 가운에 하얀색 넥타이가 전부입니다. 매우 단순합니다.

 최근에는 목사 가운을 입지 않는 경우도 많습니다. 성례를 집례할 때만 가끔 입습니다. 단순성을 추구하는 개신교 영성을 지키기 위한 노력의 일환입니다. 예수님은 천상의 화려함을 버리고 이 땅에 오셔서 단순한 삶을 사셨습니다. 주님의 몸 된 교회를 섬기는 사역자들은 우리 주님의 단순한 모습을 따라가는 사람들입니다. 그래서 최대한 단순한 복장과 삶을 추구해야 합니다.

 단순성은 개혁교회의 건축에서도 나타납니다. 가톨릭 교회의 건축은 매우 화려합니다. 로마네스크 양식 같은 경우에는 비교적 소박하지만, 그 이후에 나온 고딕 양식에서는 화려함이 절정에 이릅니다. 천국이 지상에 내려와 있는 모습을 드러내기 위해서라고 하지요. 파리의 노트르담, 바르셀로나의 사그라다 파밀리아의 모습은 화려함의 극치입니다. 하나님께 아름다운 예배당을 드리고, 그곳에서 예배하고자 하는 신앙심은 좋은 것이지만 그 자체가 형식화되는 것은 문제입니다.

 이에 비해 개신교회는 예배당의 외적인 모습에 큰 의미를 두지 않습니다. 예배당은 성도들이 모이는 건물이지 성전은 아니라고 생각하기 때문입니다. 교회는 성도들의 모임입니다. 교회의 진정한 가치는 예배당의 크기나 화려함에 있지 않고 성도들의 신실한 모임에 있습니다. 천국은 건물 안이 아니라 하나님의 통치에 순종하는 성도들의 모임에 있습니다. 그래서 개신교회의 경우는 성도들이 잘 모일 수 있는 공간이면 충분합니다. 예배당의 장식도 복음을 잘 드러내는 정도에 머뭅니다. 그래서 단순할 수밖에 없지요.

우리는 이 땅에서 나그네로 살아갑니다. 모든 게 임시 거처에 불과합니다. 나그네는 잠시 머무는 곳에 집착하지 않습니다. 언제든지 떠날 수 있도록 모든 것을 단순화시킵니다. 그래서 단순성은 나그네 영성의 핵심입니다. 우리는 예수님께서 직접 준비하신 새 하늘과 새 땅을 기다리는 사람들입니다. 이 땅에서는 우리 주님처럼 사명을 감당하는 단순한 삶을 살면서 그날을 바라보며 나그네의 여정을 걸어갈 뿐입니다.

지금 당신의 모습은 어떤가요? 나그네 영성으로 살고 있습니까? 단순한 삶을 추구하고 있나요? 혹시 너무 복잡한 삶을 살고 있지 않습니까? 부디 단순함의 영성으로 무장해 소박하게 일상의 여정을 걸어가십시오. 그러면 당신의 삶에서 하나님의 진리와 영광이 더욱 선명하게 드러나게 될 것입니다.

기도

하나님 아버지, 이 세상은 점점 복잡해져 가고 있습니다. 분주함이라는 이 시대의 대적(大敵)이 우리로 하여금 하나님 나라와 진리에 집중할 수 없게 만듭니다. 점점 더 말씀과 기도를 위한 시간을 빼앗기고 있습니다. 저도 모르게 마음속에 있는 속사람보다 외모를 가꾸는 일에 더 신경을 쓰고 있습니다. 이제는 삶의 군더더기를 과감하게 제거하고 단순한 마음으로 신앙과 삶의 본질에 집중할 수 있도록 도와주옵소서. 예수님의 이름으로 기도드렸습니다. 아멘

노트

리안 라스무센 | 단순한 일을 천 번 반복하는 것은 고역으로 여겨질 수 있으나, 그것이 창출하는 힘은 가늠할 수 없을 정도로 크다.

오늘의 나의 묵상

위 그 노
처 럼

DAY
13

자유를 지켜라

"형제들아 너희가 자유를 위하여 부르심을 입었으나
그러나 그 자유로 육체의 기회를 삼지 말고
오직 사랑으로 서로 종노릇 하라"
갈 5:13

  하나님은 생명과 동시에 자유를 주셨습니다. 자유는 생명만큼이나 소중합니다. 우리는 자유를 위해 부르심을 받은 사람들입니다. 단테는 인류 최고의 상태는 자유를 크게 누리고 있을 때라고 했습니다. 인류의 비극은 하나님이 주신 자유를 잃어버린 것입니다. 자유는 생명을 걸만한 가치가 있습니다. 그것을 되찾기 위해서 피와 땀과 눈물을 흘려야 합니다.

  지금 우리가 대한민국에서 누리는 자유는 누군가의 희생으로 이뤄졌습니다. 일제 강점기엔 독립지사들의 희생이 있었고, 한국 전쟁에서는 공산당의 침략을 막기 위해 수많은 병사들이 피를 흘렸으며, 독재 정권하에서는 자유를 쟁취하려 꽃다운 청춘들이 고문과 투옥을 무릅쓰고 투쟁했습니다.

한 줄 묵상

**자유를 지키는 유일한 방법은 그것을 위해서
언제나 태연히 죽음에 임할 각오를 하는 것입니다.**

위그노의 역사는 자유를 위한 투쟁의 여정이었습니다. 그들은 신앙과 양심의 자유를 얻기 위해 300여 년의 긴 박해의 터널을 처절하게 통과해야 했습니다. 그사이에 수많은 생명이 희생되었습니다. 1789년 프랑스 대혁명에서 자유와 박애, 평등이 선언되었습니다. 그러나 자유는 선언만으로 얻을 수 없습니다. 프랑스 땅에 자유로운 세상이 도래한 것은 그것을 위해 많은 프랑스인들이 피를 흘린 이후였습니다.

마찬가지로 그리스도인의 자유는 하나님의 아들 예수 그리스도가 십자가에서 희생하심으로 얻어진 것입니다. 주님이 십자가에서 흘리신 피로 말미암아 우리는 죄와 사망, 율법과 심판으로부터 자유를 얻을 수 있었습니다. 그러므로 성도의 자유는 세상의 것과는 비교할 수 없는 값진 보물입니다.

종교개혁자들은 신앙과 예배의 자유를 얻기 위해 치열하게 싸웠습니다. 종교개혁은 부패로 변질된 중세교회의 가르침과 형식화된 미사를 거부하고 성경의 가르침과 예배를 선택한 사건입니다.

1521년 4월 18일, 마틴 루터는 황제와 교회 권력자들이 모인 보름스 국회에서 이렇게 외쳤습니다. "성경의 증거와 명백한 이성의 증거에 의해서 나 자신이 설득되지 않는 한, 나는 더는 교황과 교회 회의의 권위를 인정하지 않겠습니다. 이들은 오류를 범해왔고 서로 엇갈린 주장을 펴왔습니다. 내 양심은 하나님의 말씀에 사로잡혀 있습니다. 나는 아무것도 철회할 수 없고 또 그럴 생각도 없습니다."

이 일로 루터는 파문되었고 갖은 고초를 겪었지만 결코 후퇴하지 않았습니다. 이 자유를 얻기 위해 엄청난 수의 사람들이 목숨을 바쳤습니다. 지금 우리가 누리는 신앙과 양심의 자유는 예수님과 수많은 신앙의 선배들이 흘린 피의 대가입니다.

우리는 이 자유를 소중히 여기며 누리고 지켜내야 합니다. 자유는 얻기도 힘들지만 지키기도 어렵습니다. "자유를 지키는 유일한 방법은 그것을 위해서 언제나 태연히 죽음에 임할 각오를 하는 것"이라고 한 철학자 디오

게네스의 말을 마음에 새겨야 합니다. 자유가 방종이 되어서도 안 됩니다. 사도 바울은 "그 자유로 육체의 기회로 삼지 말라"고 권고했습니다. 그리스도인은 자유를 마음껏 누림과 동시에 이웃에 대해서는 자발적인 사랑으로 종노릇 해야 합니다.

바울은 다시 말합니다. "내가 모든 사람에게 자유하였으나 스스로 모든 사람에게 종이 된 것은 더 많은 사람을 얻고자 함이라." 이것이 바로 영적 자유인이 취할 태도입니다.

루터는 1520년에 쓴 '그리스도인의 자유'에서 이렇게 말했습니다. "그리스도인은 모든 것을 지배하는 지극히 자유로운 주인이며, 아무에게도 종속되지 않는다. 그리스도인은 모든 일을 위하여 봉사하는 지극히 충성스러운 종이며, 모든 사람에게 종속된다." 이렇듯 그리스도인의 자유는 스스로 종이 되는 역설적 자유입니다.

여러분은 지금 자유인의 삶을 사십니까? 여전히 죄의 종노릇하며 살아가십니까? 하나님이 주신 자유를 충분히 누리고 있습니까? 주님의 핏값으로 주어진 자유를 지키기 위해 힘쓰고 계십니까? 하나님의 뜻을 실천하기 위해서 기꺼이 사랑의 종이 되고 있습니까? 이 질문에 겸손히 답하는 오늘 하루 되시길 바랍니다.

기도

하나님 아버지, 저를 자유인으로 불러주시니 감사합니다. 주님의 십자가 피로 우리를 죄와 사망 권세와 율법과 심판으로부터 자유케 하시니 감사합니다. 선조들의 피 흘리는 투쟁을 통해 신앙과 예배와 양심의 자유, 정치와 언론과 거주 이전의 자유를 주시니 감사합니다. 그 어느 것 하나도 거저 주어진 게 아님을 명심하고 소중히 여기며 충분히 누리며 잘 지켜나가겠습니다. 그리고 주님이 주신 자유로 하나님과 이웃을 위해 스스로 종이 되는 삶을 살겠습니다. 예수님의 이름으로 기도드렸습니다. 아멘

노트

장 폴 사르트르 | 무릎을 꿇고 사는 것보다 일어서서 죽는 것이 낫다!

오늘의 나의 묵상

위 그 노 처 럼

DAY
14

오직 성경을 붙들라

"또 어려서부터 성경을 알았나니 성경은 능히 너로 하여금
그리스도 예수 안에 있는 믿음으로 말미암아
구원에 이르는 지혜가 있게 하느니라"

딤후 3:15

성경은 하나님의 계시가 담긴 책입니다. 하나님의 계시에는 일반계시와 특별계시가 있습니다. 일반계시는 자연 만물과 일반역사입니다. 자연 만물을 자세히 관찰하거나 세상 돌아가는 것을 유심히 살펴보면 하나님의 존재와 그분이 어떤 분이신지를 어느 정도 알 수 있습니다. "창세로부터 그의 보이지 아니한 것들 곧 그의 영원하신 능력과 신성이 그 만드신 만물에 분명히 보여 알려졌나니 그러므로 그들이 핑계하지 못할지니라"(롬 1:20)

일반계시는 하나님을 부분적으로 보여주는데 그것을 관찰하는 사람의 입장에 따라서 각각 다르게 해석됩니다. 오류의 위험성이 많다는 거지요. 그래서 일반계시만 의지하면 결국 미신과 우상숭배에 빠지게 됩니다. 특별계시는 하나님이 직접 자신을 계시하신 것입니다. 구약

한 줄 묵상

**우리는 '오직 성경'으로 시작한 종교개혁자들의 후예이기에
우리 신앙의 중심에는 성경이 있어야 합니다.**

에서는 선지자들과 이스라엘의 역사를 통해, 신약에서는 예수님과 사도들을 통해 계시하셨습니다. 하나님이 자신을 직접 소개하신 것이니 오류가 없습니다. 특별계시를 담고 있는 책이 신구약 성경입니다. 따라서 성경을 통해 하나님은 물론 구원의 역사를 아는 것이 가장 정확합니다.

중세교회는 성도들이 성경 읽는 것을 금지했습니다. 결국 교회와 성직자가 성경을 독점한 것입니다. 그들은 자신들의 주장을 강화하고 영적 권력을 유지하기 위해 성경을 왜곡시켰습니다. 왜곡된 가르침과 성경에 대한 무지 속에서 중세교회 성도들은 미신에 빠지고 말았습니다.

16세기에 그것이 절정에 달했습니다. 그러자 성경을

읽을 수 있던 사람들 사이에서 각성이 일어났습니다. 현실 교회의 상황이 성경 말씀과 너무나 달랐거든요. 그들은 성경의 내용을 성도들에게 전하기 시작했습니다. 그렇게 해서 일어난 운동이 종교개혁입니다. 종교개혁은 성경의 재발견으로 시작되었습니다.

16세기 초 프랑스에 자크 르페브르 데타플이라는 신학자가 있었습니다. 당대 최고의 학자였던 그는 당시 교회의 타락 이유를 성경과 다른 가르침 때문이라고 판단, 성경 일부를 프랑스어로 번역 출판해 일반인들에게 보급하기 시작했습니다. 성경 해설서도 출간했습니다. 그의 책은 마틴 루터와 장 칼뱅에게도 영향을 주었습니다. 그가 번역한 시편은 노래로 만들어져 사람들의 입에 오르내렸습니다. 수도원은 물론 심지어는 왕궁에 근무하는 사람들까지 시편 송을 부르게 되었습니다.

이 일을 가장 두려워한 사람들은 가톨릭교회 지도자들이었습니다. 일반인들이 성경을 알게 되면 자신들의 왜곡된 교리가 드러나기 때문입니다. 마틴 루터는 파면되어 바르트부르그 성에 숨어 지낼 때 성경을 독일어로 번역해 보급했습니다.

장 칼뱅도 철저한 성경의 사람이었습니다. 칼뱅의 사촌이었던 올리베탕은 성경 전체를 프랑스어로 출판해서 일반인들이 읽을 수 있도록 했습니다. 당시 최고의 인쇄

업자였던 에스티엔느는 성경과 종교개혁 서적을 보급했습니다. 이들의 활동이 주로 라틴가라고 불리는 파리 센강 남쪽 5구와 6구에서 일어났습니다.

이렇게 해서 '오직 성경(Sola Scriptura)'이 종교개혁의 첫 번째 원리가 되었습니다. 우리는 '오직 성경'을 주창했던 종교개혁가들의 후예입니다. 그러므로 우리 신앙의 중심에는 반드시 성경이 있어야 합니다. 어떤 시대, 어떤 상황 속에서도 오직 성경 중심의 신앙생활을 해야 합니다. 성경이 가리키는 방향을 함께 바라보고, 성경이 가는 데까지 가고, 성경이 멈춘 곳에서 멈춰야 합니다.

성경은 우리에게 하나님을 알게 하고, 구원의 길을 알려주며, 어떻게 살아야 하는지를 보여줍니다. 한국교회는 대대로 성경을 사랑하는 교회였습니다. 한국교회는 성경 통독과 성경 필사, 성경 공부를 많이 했으며 종교개혁가들과 마찬가지로 '오직 성경'이라는 참으로 소중한 전통을 가지고 있습니다.

종교개혁가들의 후예답게 성경을 사랑하며 성경을 읽읍시다. 읽는 것에 그치지 말고 성경대로 살아나갑시다. 오늘 하루도 성경과 함께 출발해 보십시오. 놀라운 일이 일어날 것입니다.

기도

하나님 아버지, 저희에게 성경을 주셔서 마음껏 자유롭게 읽을 수 있게 하시니 감사합니다. 하나님의 계시의 말씀인 성경을 사랑하고 부지런히 읽고 철저하게 삶에 적용하며 살아가기를 원합니다. 나의 신념이나 가문의 전통, 사회의 관습을 넘어서 오직 성경이 말씀하시는 대로 믿고 살게 하여 주옵소서. 예수님의 이름으로 기도드렸습니다. 아멘

노트

에이브러햄 링컨 | 이 책이 없었다면 우리는 옳고 그름을 판단할 수 없었을 것이다. 성경은 하나님께서 우리에게 주신 최고의 선물이다.

오늘의 나의 묵상

위그노처럼

DAY
15

오직 그리스도를
의지하라

"너희가 성경에서 영생을 얻는 줄 생각하고 성경을
연구하거니와 이 성경이 곧 내게 대하여 증언하는 것이로다"
요 5:39

성경의 주인공은 예수 그리스도이십니다. 구약성경은 오실 예수님을 기록했고 신약성경은 오신 예수님에 대한 말씀입니다. 유대인들은 구약성경을 읽고 따른 성경의 사람들이었지만, 정작 성경의 주인공인 예수님은 외면했습니다.

이런 그들에게 예수님은 이렇게 말씀하셨습니다. "너희가 성경에서 영생을 얻는 줄 생각하고 성경을 상고하거니와 이 성경이 곧 내게 대하여 증거하는 것이로다"(요 5:39) 여기서 성경은 구약성경입니다.

유대인들은 성경을 달달 외울 정도로 성경 전문가들이었지요. 하지만 성경의 주인공인 예수님이 직접 오셨음에도 몰라보고 배척했습니다. "자기 땅에 오매 자기 백성이 영접지 아니하였으나"(요 1:11) 성경을 부지런히 읽고

한 줄 묵상

**역사의 시작도 예수 그리스도, 역사의 주관자도 예수 그리스도,
역사의 종결자도 예수 그리스도이시며 우리의 구원도
오직 예수 그리스도에 의해 이뤄집니다.**

배웠음에도 주인공과 주제를 잃었던 것입니다. 이보다 더 큰 불행이 어디 있을까요? 수천 년 동안 성경을 붙들고 살았지만 그토록 기다리던 분이 오셨음에도 몰라보고 배척했으니 말입니다. 그래서 주님이 안타까운 마음으로 말씀하신 겁니다. "성경이 말하는 그 사람이 바로 나다!"라고요.

그렇습니다. 성경은 철저하게 예수님에 관한 이야기입니다. 사복음서는 예수님의 생애에 대해 말하며, 서신서는 예수님과 복음에 관한 해석이며, 요한계시록은 역사를 주관하시며 다시 오셔서 역사를 완성하실 예수님에 관한 이야기입니다. 그래서 종교개혁자들은 '오직 예수(Solus Christus)'라고 주창한 것입니다.

성경의 모든 이야기들은 오직 주 예수 그리스도를 통

해 연결됩니다. '오직 예수'가 답입니다. 그 안에 모든 게 있습니다. 하나님의 구원과 치유, 회복이 오직 예수를 통해서 이뤄집니다. 그러므로 우리는 예수만으로 충분한 삶을 살 수 있습니다. 예수 안에는 부족함이 없으니까요.

루터가 종교개혁을 시작했던 독일 비텐베르크의 시교회(Stadtkirche)안에 유명한 제단화가 있습니다. 루터의 동역자였던 루카스 크라나흐의 작품입니다. 그는 재정 후원과 그림을 통해 루터를 도왔습니다. 시교회 제단화의 핵심은 중앙에 있는 십자가에 달리신 예수 그리스도입니다. 기독교 신앙, 성경의 내용이 철저하게 예수 그리스도를 가리키고 있다는 뜻입니다. 이 제단화는 '오직 예수'의 정신을 가장 잘 보여주는 작품으로 그림을 보는 사람들에게 예수님이 모든 것의 중심임을 알려줍니다.

프랑스 동부 알자스 지역의 콜마르라는 도시에 운터린텐 박물관이 있습니다. 그곳에서 꼭 봐야 할 작품이 바로 마티스 그뤼네발트가 그린 이젠하임 제단화입니다. 이 역시 종교개혁에 영향을 준 그림입니다. 20세기 최고의 개신교 신학자로 불리는 칼 바르트는 자신의 책상 앞에 붙여둘 정도로 이 그림을 좋아했습니다.

그림에는 십자가에 달리신 예수님과 그를 손가락으로 가리키는 세례 요한이 나옵니다. 그리고 '이 사람을 보라'는 문구가 쓰여 있습니다. 어떤 경우에도 예수를 보라는 겁니다. 여기서 바르트의 예수 그리스도 중심신학이 나왔습니다. 그는 매일 그 그림을 보면서 '오직 그리스도'라는 종교개혁 정신을 굳게 붙들었습니다.

그렇습니다. 예수 그리스도가 성경의 중심입니다. 역사의 시작도 예수 그리스도, 역사의 주관자도 예수 그리스도, 역사의 종결자도 예수 그리스도십니다. 우리의 구원도 오직 예수 그리스도에 의해 이뤄집니다.

"예수께서 이르시되 내가 곧 길이요 진리요 생명이니 나로 말미암지 않고는 아버지께로 올 자가 없느니라"(요 14:6)

여러분의 중심에는 무엇이 있습니까? 여러분 믿음의 근거는 무엇인가요? 오직 예수, 오직 성경이 되어야 합니다. 우리 믿음은 성경을 근거해야 하며, 우리 삶과 신앙의 중심에는 주 예수 그리스도가 계셔야 합니다. 그래야 이 흔들리는 세상에서 표류하지 않고 천성을 향해 뚜벅뚜벅 걸어갈 수 있습니다.

기도

하나님 아버지, 오늘도 우리에게 깨달음을 주시니 감사합니다. 길과 진리, 생명이 되시는 주 예수 그리스도를 따르기로 결단합니다. 저와 우리 가족이 어떤 경우에도 인생의 유일한 청중이신 주님만 바라보기를 원합니다. 저희 시선을 세상이 아니라 주님께 고정하게 해주십시오. 성경을 통해 우리 믿음과 삶의 근거를 찾기 원합니다. 그래서 어떤 상황에도 흔들리지 않는 믿음의 여정을 걷게 해주십시오. 예수님의 이름으로 기도드렸습니다. 아멘

노트

매튜 아놀드 | 평화와 안녕을 얻기 위해 당신이 생각할 수 있는 모든 방법을 다 시도해 보십시오. 그러면 당신은 예수 그리스도 외에 그것을 가져다줄 방법이 없다는 것을 알게 될 것입니다. 오직 예수 그리스도만이 유일한 길이십니다.

오늘의 나의 묵상

위그노처럼

DAY
16

오직 은혜와 믿음으로 살라

"너희는 그 은혜에 의하여 믿음으로 말미암아
구원을 받았으니 이것이 너희에게서 난 것이 아니요
하나님의 선물이라"

엡 2:8

   믿음은 신념이 아닙니다. 신념은 자신의 내면과 경험에 근거한 자기 확신이지만 믿음은 성경을 통해 약속하신 하나님에 대한 확신입니다. 강한 신념은 삶에 많은 도움을 줄지라도 구원에 이르게 하지는 못합니다. 오직 믿음만이 우리를 하나님의 은혜에 참여하게 합니다. 예수 그리스도를 통해 이루신 하나님의 구원이야말로 은혜입니다. 그 은혜는 믿음을 통해 우리의 현실이 됩니다. 그래서 '은혜의 믿음'이라고 하는 것입니다.

   하나님의 은혜는 선물입니다. 선물은 그것을 준비하는 사람 측에서 모든 대가를 지불해야 합니다. 만일 누군가가 "내가 99% 낼 터이니 너는 1%만 내"라고 한다면 그것은 선물이 아니라 공동으로 구매한 것이 됩니다. 준비하는 사람이 100% 그 값을 내는 것이라야 선물입니다. 하

한 줄 묵상

오직 믿음만이 우리를 하나님의 은혜에 참여하게 합니다.

나님께서 우리의 구원을 위해 100% 대가를 지불하셨습니다. 하나님은 독생자 예수 그리스도를 십자가에서 죽도록 내어주셨습니다. 그래서 우리의 구원은 선물이며 '오직 은혜(Sola Gratia)'입니다.

"너희는 그 은혜에 의하여 믿음으로 말미암아 구원을 받았으니 이것은 너희에게서 난 것이 아니요 하나님의 선물이라"(엡 2:8) "그리스도 예수 안에 있는 속량으로 말미암아 하나님의 은혜로 값 없이 의롭다 하심을 얻은 자 되었느니라"(롬 3:24)

하나님의 아들이 십자가 죽음으로 이뤄 놓으신 구원에 인간이 자꾸 뭔가를 보태려고 하는 건 불경한 일입니다. 그것은 하나님이 마련하신 구원의 밥상에 숟가락을 얹어 놓고 생색을 내려는 인간의 경솔함이고 하나님의 은혜에 대한 도전입니다. 우리는 그저 그 은혜를 받아 감사함으로 누리고 기뻐하면 됩니다.

믿음은 하나님의 구원에 참여하는 길입니다. 간단합니다. 하나님이 준비하신 구원의 선물을 인정하고 믿음으로 받아들이면 됩니다. 중세교회는 하나님의 은혜와 믿음을 사람의 노력과 공로로 바꿔버렸습니다. 하나님의 은혜에 자꾸 숟가락을 얹어 놓았던 것이지요.

비텐베르크에서 교수로 일하던 마틴 루터는 시편과 로마서를 강해하면서 다음과 같은 놀라운 진리를 깨달았습니다. '구원은 사람의 의가 아닌 하나님의 의를 힘입는 것이다. 그 의는 하나님이 예수 십자가를 통해서 선물로 준비하신 은혜다. 그 은혜를 힘입는 길은 그것을 받아들이는 믿음이다. 오직 의인은 믿음으로 산다.'

오늘날 그리스도인이라면 누구나 알고 있는 이 평범한 복음의 진리를 당시에는 아무도 알지 못했습니다. 알았더라도 아는 척하면 안 되었습니다. 그것은 곧 박해와 죽음으로 가는 길이었기 때문입니다. 그런데 루터가 이 사실을 깨닫고 그것을 일반인들에게 가르치기 시작했습니다. 이것은 중세교회에 어마어마한 파장을 일으켰고 종교개혁의 문을 열게 했습니다.

중세교회는 '예수 플러스 알파', '은혜 플러스 알파'라고 가르쳤습니다. 예수의 십자가와 하나님의 은혜만으론 충분하지 않고, 거기에 사람의 그 무엇을 추가해야 한다고 했습니다. 그래서 사람들은 구원을 얻기 위해 선한 일을 하고, 구제하고, 헌금하고, 고행해야 한다 믿으며 그것을 위해 모든 것을 바치고, 모든 시간을 보냈습니다.

그들은 구원을 위해 자신의 문제뿐만 아니라 가족들의 문제까지 짊어져야 했습니다. 구원에 필요한 충분한 공덕을 쌓지 못해 연옥에 떨어져 고통당하는 가족들을 구원해야 한다고 믿었기 때문입니다. 주님이 이미 해결해 주신 문제를 스스로 해결해 보겠다며 모든 것을 소모하고 있었지요. 그러니 하나님이 주신 아름다운 세상을 누리는 일과 하나님 나라를 위해 사명을 감당하는 여력은 당연히 없었습니다.

다시 복음으로 돌아가야 합니다. '오직 은혜, 오직 믿음'이라는 종교개혁의 원리를 붙들어야 합니다. 그래야 이 땅에서 자유를 얻고 나머지 삶을 하나님 나라를 위해 살 수 있습니다. 오늘도 예수 그리스도를 통해 준비된 하나님의 은혜에 믿음으로 참여하는 최고의 삶을 누리시길 바랍니다.

기도

하나님 아버지, 저는 그동안 은혜와 믿음의 원리를 명확하게 정리하지 못하고 혼돈 속에 살았습니다. 믿는다고 하면서도 무엇을 믿어야 하는지, 은혜를 말하면서도 그 은혜가 구체적으로 무엇인지 모른 채로 살았습니다. 그래서 감사, 감격, 기쁨을 누리지 못했습니다. 이제 은혜와 믿음의 원리를 자명하게 깨닫게 하시니 감사합니다. 오늘부터는 은혜받은 성도답게 주님 나라와 영광을 위해 살게 하여 주옵소서. 예수님의 이름으로 기도드렸습니다. 아멘

노트

찰스 스펄전 | 인간의 노력에 기인한 선행으로 천국에 가려고 하는 것보다 종이배를 타고 대서양을 항해하고자 하는 편이 낫다. 구원은 온전히 하나님의 은혜다.

오늘의 나의 묵상

위그노처럼

DAY
17

오직 하나님께 영광을 돌려라

"값으로 산 것이 되었으니 그런즉
너희 몸으로 하나님께 영광을 돌리라"

고전 6:20

중세교회 성도들은 '어떻게 해야 구원을 얻을까?'를 고민했습니다. 그들은 구원의 문제를 해결하는 일에 온 마음을 쏟으며 인생을 소모하고 있었습니다. 교회와 성직자들은 고행, 성지순례, 면죄부 등을 구원의 방법으로 제시했습니다. 그러나 이것들이 사람들을 죄와 죄의식으로부터 해방해주기는커녕 더 깊은 절망에 빠지게 했고 오히려 교회와 성직자들의 권력만 강화해줄 뿐이었습니다.

루터도 이 문제로 오랜 시간 고민했습니다. 그러다가 비텐베르크 어거스틴 수도원의 탑에 있는 조그만 연구실에서 시편과 로마서를 연구하던 중에 놀라운 사실을 깨달았습니다. 이른바 '루터의 탑 체험'으로 내용은 '복음 안에는 하나님의 의가 있고, 이 은혜의 선물을 믿음

한 줄 묵상

하나님이 우리의 삶을 책임져 주심을 믿고 우리는 이 땅에서 하나님 나라를 확장하는 일만 책임지면 됩니다.

으로 받아들이면 구원에 이른다'는 것이었습니다. 하나님께서 구원의 문제를 예수 그리스도를 통해 이미 해결해 놓으셨다는 사실을 믿기만 하면 된다는 진리를 깨달은 겁니다. 이것이 기독교 역사의 방향을 바꿨습니다.

그러고 나서 '구원의 문제가 해결되었으니, 이제부터 우리는 무엇을 위해 살아야 하는가?'라는 또 하나의 질문을 하게 됐습니다. 방어적인 소극적 질문에서 매우 적극적인 질문으로 바뀐 겁니다. 이 질문에 대해 종교개혁 2세대를 이끈 칼뱅이 간단하지만 강력하게 답했습니다. "오직 하나님의 영광을 위하여 살라." 바로 종교개혁 5대 강령 중의 하나인 '오직 하나님께 영광(Soli Deo Gloria)' 입니다. 이 강령하에서 살아가는 개혁교회와 성도들의 삶은 겸손하고 적극적이며 창조적이고 헌신적이 될 수

밖에 없습니다. 은혜를 받은 사람은 은혜에 합당한 자발적 삶을 살게 되어 있습니다. 자발적 삶은 엄청난 에너지를 창출합니다.

오직 하나님께 영광을 돌리는 삶은 우리를 자발적 겸손의 자리로 이끕니다. 결코 자신을 드러내거나 자랑하지 않습니다. 오직 주님만 자랑합니다. "저는 무익한 종입니다. 마땅히 해야 할 일을 했을 뿐입니다"라고 고백합니다. 모든 것이 하나님의 은혜임을 알기 때문입니다.

칼뱅은 많은 업적을 남긴 위대한 종교개혁자이지만 늘 자신을 낮추고 감췄습니다. 죽음의 순간마저도 하나님께 영광을 돌리는 시간이 되기를 원했습니다. 그는 자신의 임종을 마주한 이들에게 "주어진 삶의 현장에서 오직 하나님의 영광을 추구하며 살아라. 나의 무덤은 작게 만들되 묘비를 세우지 말고 장례식은 간소하게 하라"고 당부했습니다. 그는 자신을 최대한 드러내지 않는 겸손한 삶을 살다가 주님께 돌아갔습니다.

칼뱅은 '걸어 다니는 종합병원'이라고 할 만큼 병약했지만 하나님이 주신 사명을 완수하는 일에 모든 힘을 쏟았습니다. 끼니를 걱정할 정도로 가정형편이 어려웠으나 흔들림 없이 성도를 돌보는 헌신적인 목회를 했으며 개혁을 수행하는 데에서 물러서지 않았습니다.

위그노의 후예인 스위스 개혁교회 성도들의 삶도 마

찬가지였습니다. 그들은 하루하루를 하나님의 영광을 위해 성실하게 살았습니다. 낭비와 사치를 멀리했고 그로 인해 축적된 재산과 재능을 하나님의 영광을 위해 내놓았습니다. 막스 베버는 '프로테스탄티즘의 윤리와 자본주의 정신'에서 개혁교회의 이런 삶이 자본주의를 만들었다고 주장했습니다.

우리는 하나님의 크신 은혜로 구원받은 사람들입니다. 은혜로 구원받았으니 앞으로도 하나님이 부어주시는 은혜로 살면 됩니다. 다시는 구원의 문제로 고민하지 말아야 합니다. 하나님은 예수님의 핏값으로 우리를 사셨습니다. 그러니 우리의 삶으로 오직 하나님께 영광을 돌리며 살면 됩니다.

구원해 주신 하나님께서 마땅히 우리의 삶도 책임져 주시지 않겠습니까? 더 이상 '무엇을 먹을까, 무엇을 입을까'를 걱정하지 않아도 됩니다. 들에 피는 들꽃과 공중에 나는 이름 없는 새들까지도 입히시고 먹이시는 분이 우리의 아버지시기 때문입니다. 하나님이 우리의 삶을 책임져 주심을 믿고 우리는 이 땅에서 하나님 나라를 확장하는 일만 책임지면 됩니다.

기도

하나님 아버지, 저는 영원히 죽을 수 밖에 없었으나 하나님의 사랑과 예수 그리스도의 핏값으로 구원받았습니다. 오직 은혜로 구원받았건만 믿음이 약해질 때마다 다시 심판받을까 걱정하곤 합니다. 때론 구원의 확신이 흔들리기도 합니다. 저의 연약한 믿음을 강하게 하여 주옵소서. 그리하여 저의 남은 삶과 에너지를 오직 하나님의 영광을 추구하는 일에 쏟을 수 있도록 도와주옵소서. 예수님의 이름으로 기도드렸습니다. 아멘

노트

C.S. 루이스 | 사람이 예배를 거부하는 것만큼 하나님의 영광을 떨어뜨릴 수 있는 것은 없다.

오늘의 나의 묵상

톨레랑스 하라

위그노처럼

DAY
18

"너희 관용을 모든 사람에게 알게 하라
주께서 가까우시니라"
빌 4:5

'톨레랑스'는 프랑스어 중에서 가장 인상적인 단어입니다. 우리말로 '관용'입니다. 관용은 나와 타인의 의견이나 입장의 차이를 인정하고, 다름에 대한 너그러운 마음을 갖는 태도입니다. 다르다고 틀린 건 아닙니다. 둘 다 옳지만 서로 다를 수 있습니다. 그럴 때는 서로의 차이를 너그럽게 인정해야 합니다. 나와 다르다고 해서 다른 사람이 틀렸다고 주장하는 것은 오만입니다.

프랑스인들은 톨레랑스를 중요한 미덕으로 여깁니다. 오랜 세월 다른 것을 틀린 거라고 정죄하며 공격하고 다투는 아픔을 겪으면서 얻은 소중한 교훈입니다. 위그노는 종교적 관용이 없는 로마 가톨릭과 프랑스 왕국에 의해 오랜 기간 탄압과 박해를 받았습니다. 위그노의 신앙이 틀린 게 아닙니다. 그들과 달랐을 뿐입니다. 그 차이를 인

한 줄 묵상

**관용은 나와 타인의 의견이나 입장의 차이를 인정하고
다름에 대한 너그러운 마음을 가지는 태도입니다.**

정하는 관용이 있었다면 그 오랜 시간 프랑스 땅을 종교 전쟁과 순교의 피로 물들게 하는 일은 없었을 겁니다.

톨레랑스는 지금 우리에게도 중요한 가치입니다. 톨레랑스는 가정과 교회와 사회에서 더불어 조화롭게 살아가는 비결이기 때문입니다. 관용이 없는 사회는 갈등과 다툼으로 사막같이 메마르게 됩니다. 관용은 기독교인과 비기독교인이 함께 사는 사회에서 꼭 필요합니다. 타 종교를 거세게 비난한다고 믿음이 좋은 게 아닙니다. 그런 이들은 오히려 영적 내공이 부족한 사람들입니다.

우리의 신앙이 진리이며 우월하다는 사실을 타협 없이 그러나 점잖게 보여 줄 때, 비신자들이나 다른 종교인들도 우리에게 다가올 것입니다. 관용은 그리스도인이 아름답고 평화로운 교회 생활을 영위하기 위해 반드시 지

녀야 할 중요한 덕목입니다. 초대교회부터 지금까지 교회 안에는 갈등과 다툼이 존재했습니다. 차이를 너그럽게 인정하지 않고 틀림으로 판단했기 때문입니다. 그래서 사도 바울도 빌립보 성도들에게 관용을 권면했습니다. "너희 관용을 모든 사람에게 알게 하라 주께서 가까우시니라"(빌 4:5)

관용이라는 단어는 신구약 성경에 23번 언급됩니다. 그만큼 중요하다는 의미겠지요. 관용의 헬라어 '에피에이케스'는 '선하다' 혹은 '부드럽다'라는 뜻입니다. 타인을 '선한 의도를 가지고 부드럽게' 대하는 것을 말합니다. 관용은 온유한 성품에서 나옵니다. 온유한 성품이 타인에 대해 발현되는 것이 관용입니다.

관용은 특히 힘을 가진 지도자들에게 필요한 성품과 태도입니다. 권력의 위치에 있는 사람은 부지불식간에 타인을 거칠게 대하거나 타인의 의견과 입장을 무시하고 억압할 가능성이 있기 때문이지요. 그래서 바울은 지도자들에게 관용을 강조했습니다.

"아무도 비방하지 말며 다투지 말며 관용하며 범사에 온유함을 모든 사람에게 나타낼 것을 기억하게 하라"(딛 3:2) "술을 즐기지 아니하며 구타하지 아니하며 오직 관용하며 다투지 아니하며"(딤전 3:3)

교회의 지도자뿐 아닙니다. 세속의 지도자들에게도 관

용의 마음이 필요합니다. 관용이 없는 지도자를 만나는 일은 개인적, 국가적으로 큰 재앙입니다. 그들의 권력이 약자를 지켜주는 지팡이와 막대기가 아니라 억압하고 착취하는 채찍이 되기 때문입니다.

온유한 마음과 관용의 태도를 가장 잘 보여주신 분이 예수님이십니다. 하나님이신 예수님이 죄에 빠진 피조물인 인간을 만나시는 것 자체가 온유와 관용의 행동입니다. 그것이 아니라면 우리는 다 죽었을 겁니다. 아무도 하나님이신 그분을 가까이할 수 없었을 겁니다. 온유하신 주님은 죄인들을 부드럽고 따뜻하게 대하셨고 자신을 공격하고 저주하며 십자가에 매달아 죽이기까지 하는 자들을 관용으로 품으셨습니다.

주님은 지금도 우리를 온유하게 대하십니다. 주님의 음성과 눈빛과 손은 부드럽고 따뜻하며 온유합니다. 신자는 누구나 예수님처럼 살아야 합니다. 그분의 관용을 닮아야 합니다.

오늘 만나는 사람들에게 당신의 너그러움을 보여주십시오. 주님이 불량품 같은 우리의 품질을 탓하지 않으시고 너그럽게 대하셨음을 기억하십시오.

기도

하나님 아버지, 저는 제 생각과 다른 사람들을 받아들이지 못하는 삶을 살았습니다. 그래서 사랑으로 품기보다는 판단하고 비판했습니다. 정죄하며 갈등 가운데 살았습니다. 주님은 죄인 된 저를 너그럽게 대하셨으나 저는 다른 사람에게 인색했습니다. 저의 부족함을 용서해주시고 오늘부터 온유하고 겸손하며 너그러운 삶을 살게 도와주옵소서. 예수님의 이름으로 기도드렸습니다. 아멘

노트

셰익스피어 | 남의 잘못에 대해서 관용하라. 오늘 저지른 남의 잘못은 어제의 내 잘못이었던 것을 생각하라. 잘못이 없는 사람은 하나도 없다. 완전하지 못한 것이 사람이라는 점을 생각하고 타인을 진정으로 대해 주어야 한다. 우리는 어디까지나 정의를 받아들여야 하지만 정의만으론 우리 중 단 한 사람도 구함을 받지 못할 것이다.

오늘의 나의 묵상

위 그 노
처 럼

DAY
19

관용의 가치를 지켜라

"그리스도께서 우리를 자유롭게 하려고 자유를 주셨으니
그러므로 굳건하게 서서 다시는 종의 멍에를 메지 말라"

갈 5:1

소중한 가치를 지닌 것들은 거저 얻어지지 않습니다. 프랑스는 물론 전 세계를 관통하는 가치인 자유와 톨레랑스도 저절로 굴러온 것이 아닙니다. 그 가치를 지키기 위해 용기를 낸 누군가의 희생이 있었습니다. 그래서 귀합니다. 귀한 것은 지켜야 합니다. 이 보물을 끝까지 지켜내는 것은 우리의 사명입니다. 모든 일에는 그것을 시작하는 '초심', 그 가치를 삶에서 실현하는 '열심', 끝까지 지켜내는 '뒷심'이 필요합니다.

예수님이 십자가에서 우리에게 주신 선물은 자유입니다. 그 자유는 죄와 사망의 권세와 율법의 정죄로부터의 자유입니다. 이 놀라운 자유를 얻은 갈라디아 교인들은 그 가치를 깨닫고 감사하며 기뻐했지만, 율법주의 유대인들의 공격과 회유 앞에서 흔들리고 말았습니다. 그래

한 줄 묵상

지금 우리가 누리는 톨레랑스는 오랜 세월 수많은 사람의 희생과 노력으로 얻어낸 인류의 값진 유산이며 하나님의 선물입니다.

서 바울은 안타까운 심정으로 호소했습니다. "그리스도께서 우리를 자유롭게 하시려고 자유를 주셨다. 너희는 굳게 서서 다시는 종의 멍에를 메지 말라." 과거의 율법으로 돌아가지 말고 은혜 안에 머물라는 것입니다.

아리스토텔레스는 관용을 '양극단 사이에 있는 복된 중용의 덕'이라고 했습니다. 톨레랑스는 마치 뼈와 뼈 사이에 있는 연골과 같습니다. 연골 없이는 뼈와 뼈가 만날 때마다 부딪쳐 통증이 유발되듯, 톨레랑스가 없는 세상은 모두에게 삭막하며 특히 힘없는 자들에게는 고통스럽습니다.

톨레랑스를 통해 근대 유럽 사회는 '정치, 종교, 도덕, 학문, 사상, 양심의 영역에서 서로 의견이 다를 때 논쟁은 하되 물리적 폭력에 호소하지 말고 대화와 토론을 통해 문제를 해결해야 한다'라는 컨센서스를 갖게 되었습니다. 그럼으로써 톨레랑스는 더불어 사는 세상, 민주적인 사회를 떠받치는 정신적 기둥이 된 것입니다.

이 소중한 가치는 권력을 탐하는 자들에게 무참히 짓밟히곤 합니다. 로마의 네로 황제는 자신의 힘과 권력을 백성을 괴롭히는 일에 사용했습니다. 그것을 보고 그의 스승이었던 철학자 세네카는 '관용론'을 써서 네로에게 바쳤습니다. 권력자는 무엇보다 톨레랑스의 덕목을 가져야 한다는 내용입니다. 네로는 그것을 받아들이지 않고 세네카에게 자결을 명했습니다.

16세기 프랑스에서 세속과 종교 권력이 위그노들에 대한 박해를 자행했을 때, 종교개혁가 장 칼뱅은 '세네카의 관용론 주석'을 써서 출간했습니다. 하지만 그 책은 많이 전파되지 못했습니다. 당시 사회가 힘있는 자들의 폭력과 개신교도들에 대한 박해를 당연시했다는 증거입니다.

실제로 위그노들은 박해 가운데 시민으로서의 모든 권리를 빼앗기고 죽음으로 내몰렸습니다. 그들에게 톨레랑스는 멀고 먼 이야기였습니다. 그런 가운데 본래 개신교도였던 앙리 4세는 부르봉 왕가의 초대 왕이 되자 1598년 4월 13일에 위그노들에게 신앙의 자유를 주는 내용의 낭트 칙령을 선포했습니다. 낭트 칙령으로 프랑스 땅에서 톨레랑스와 종교적 자유가 공식적으로 법제화된 것입니다. 물론 그것은 부분적이고 제한적이었습니다. 앙리 4세의 손자 루이 14세는 왕이 된 후에 퐁텐블로 칙령을 반포, 낭트 칙령은 87년 만에 폐지되고 이후 102년간의 기나긴 박해가 다시 시작되었습니다. 프랑스 땅에서 위그노에 대한 톨레랑스는 완전히 사라지고 만 것입니다.

그러다 1787년 루이 16세의 톨레랑스 칙령 반포와 1789년 프랑스 대혁명으로 다시 위그노들에 대한 톨레랑스가 이뤄졌습니다. 드디어 프랑스 땅에서 신앙의 자유가 주어진 겁니다. 그때까지 위그노들은 오랫동안 고난을 겪고 많은 피를 흘려야 했습니다. 그래서 그들이 얻은 톨레랑스는 너무나 가치가 있는 것입니다.

지금 우리는 톨레랑스 시대를 살고 있습니다. 신앙과 양심과 정치와 언론과 학문의 자유를 누리고 있습니다. 이것이 거저 얻어진 것이 아니라는 사실을 깨닫고 소중하게 여기며 지켜나가야 합니다. 톨레랑스와 자유는 우리가 후손에게 물려줄 소중한 가치입니다. 초심을 간직하고, 열심을 내고, 뒷심으로 지켜내십시오.

기도

하나님 아버지, 우리는 지금 마음껏 신앙생활을 할 수 있는 관용의 시대를 살아가고 있습니다. 각자 양심에 따라 살고 정치와 학문과 언론의 자유를 누리고 있습니다. 이는 관용이 없는 어두운 역사의 터널을 통과하며 끝내 톨레랑스를 쟁취한 수많은 믿음의 선배들의 덕분임을 기억합니다. 무엇보다 이것이 역사를 주관하시는 하나님의 선물임에 감사합니다. 이 자유와 관용의 가치를 지키며 살아가게 해주시옵소서. 예수님의 이름으로 기도드렸습니다. 아멘

노트

채근담 | 생각이 너그럽고 두터운 사람은 봄바람이 만물을 따뜻하게 기르는 것과 같으니 이를 만나면 살아난다. 생각이 각박하고 냉혹한 사람은 삭북(朔北·북쪽 지방)의 한설이 모든 걸 얼게 함과 같으니 이를 만나면 곧 죽게 된다.

오늘의 나의 묵상

위 그 노
처   럼

DAY
20

믿음의 기준선을
넘지 말라

"진영을 떠날 때에 아론과 그의 아들들이 성소와
성소의 모든 기구 덮는 일을 마치거든 고핫 자손들이 와서
멜 것이니라 그러나 성물은 만지지 말라 그들이 죽으리라"

민 4:15

어느 날 자공이 공자에게 물었습니다. '자장과 자하가 있는데 어느 쪽이 더 어질고 낫습니까?' 공자는 "자장은 지나치고, 자하는 미치지 못한다"라고 답했습니다. 그러자 자공이 다시 물었습니다. "그럼 자장이 더 낫단 말씀입니까?" 공자가 답합니다. "아니다. 지나친 것은 미치지 못한 것과 다를 바가 없다." 여기서 과유불급(過猶不及)이라는 성어가 나왔습니다.

좋은 일에도 과유불급의 원리가 적용될 수 있습니다. 고핫 자손에게 성소와 성소의 모든 기구를 덮는 물건을 관리할 축복이 주어졌습니다. 하지만 그 안에 있는 성물을 만지면 안 됩니다. 그들이 지켜야 할 선입니다. 그 선을 넘는 건 죽음을 자초하는 일이었습니다.

왕이 된 다윗이 하나님의 법궤를 사모하여 아비나답의

한 줄 묵상

**우리의 믿음이 진짜임을 온몸으로 보여주고 선포하는 용기,
톨레랑스가 절대화되고 한계선을 넘어서는 것에
단호히 반대하는 용기가 필요합니다.**

집에서 다윗성으로 옮기려고 했지요. 아비나답의 두 아들 웃사와 아히오가 법궤를 이동하는 수레를 몰았습니다. 그들이 나곤의 타작마당에 왔을 때 다윗과 이스라엘 족속이 법궤를 환영하며 여러 가지 악기로 연주했습니다. 그 소리를 듣고 놀란 소들이 이리저리 뛰면서 수레에 있던 법궤가 떨어질 위기에 처하자 웃사가 다급하게 여호와의 법궤를 붙들었습니다. 그의 의도는 분명히 선했습니다. 그러나 하나님은 그를 치셨고 그는 궤 앞에서 죽었습니다. 그의 선한 의도가 선을 넘었기 때문입니다. 선한 의도와 열정도 선을 지킬 때 그 가치가 아름답게 빛나는 법입니다.

톨레랑스와 관련해서도 넘지 말아야 할 선이 있습니다. 하지만 이 시대 사람들은 그 선을 넘어서고 말았습니

다. 톨레랑스가 신앙과 양심의 자유, 정치와 언론의 자유를 위한 가치에 머물지 않고 그 자체가 절대화되고 신앙화 되었기 때문입니다. 이게 우리가 사는 포스트모더니즘 시대의 자화상입니다. 톨레랑스가 선을 넘을 때 무질서와 방종이 되어 비진리마저 수용하게 됩니다.

절대적 진리를 인정하지 않는 요즘 시대에 내가 믿는 진리와 신앙을 주장하면 '꼴통보수'라는 조롱과 비난의 대상이 됩니다. 새로운 종류의 폭력이지요. 타인의 신앙과 확신을 비난해서도 안 되지만 자신의 것을 주장할 자유도 보장되는 사회라야 진정한 톨레랑스 사회입니다. 위그노 후손들이 주류인 프랑스 개신교회들도 요즘 이런 지경에 이르렀습니다. 선조들이 생명을 걸고 지킨 성경의 진리보다는 세속의 가치에 매몰되어버렸습니다. 지금 세속사회의 가치와 시스템이 톨레랑스라는 이름으로 교회까지 점령하고 있습니다. 이것이야말로 교회의 세속화가 아니고 무엇입니까?

신앙은 본래 보수적인 겁니다. 변할 수 없는 진리, 양보할 수 없는 가치를 붙들기 때문입니다. 이것저것 다 인정하면 잡탕 신앙이 됩니다. 이 시대는 진리는 사라지고 깃털같이 가벼운 각자의 주장만 난무하는, 마치 사사 시대와 같습니다. 그 시대 사람들은 왕이 없어 기준이 사라지자 각자 자기 소견에 좋은 대로 행했지요. 그 결과 이스라엘은 혼란에 빠졌으며 지파 간의 갈등과 전쟁으로 온 나라가 초토화되었습니다. 모두가 불행해진 시대였습니다.

한국교회는 어떻습니까? 안전합니까? 당신의 신앙은 어떻습니까? 견고합니까? 안타깝지만 우리도 이미 사사 시대 언저리에 서 있습니다. 지금은 자신의 신앙과 신념을 당당하게 드러내야 할 때입니다. 다른 사람의 입장을 비난하고 공격해서도 안 되지만 자신의 신앙과 자유가 공격받아서도 안 됩니다. 우리에겐 그럴 권리가 있습니다.

자신이 배우고 확신한 진리에 견고히 서는 것은 꼭 필요합니다. 우리의 믿음이 진짜임을 온몸으로 보여주고 선포하는 용기, 톨레랑스가 절대화되고 한계선을 넘어서는 것에 단호히 반대하는 용기가 필요합니다. 오늘 우리에겐 여호수아와 같은 단호한 마음이 필요합니다.

"만일 여호와를 섬기는 것이 너희에게 좋지 않게 보이거든 너희 조상들이 강 저쪽에서 섬기던 신들이든지 또는 너희가 거주하는 땅에 있는 아모리 족속의 신들이든지 너희가 섬길 자를 오늘 택하라 오직 나와 내 집은 여호와를 섬기겠노라"(수 24:15)

기도

하나님 아버지, 이 시대는 마치 사사 시대와 같습니다. 사람들은 왕이신 하나님을 인정하지 않고 하나님의 말씀을 가볍게 여깁니다. 우리 그리스도인들조차도 성경의 진리보다는 세속의 가치를 따라 살아갑니다. 심지어 교회 내에서도 말씀대로 믿고 말씀을 따라 살아가는 믿음의 사람들을 '꼴통'이라고 비난하는 이들이 있습니다. 주님, 이 시대를 변혁시켜 주십시오. 세상이 어떻게 말하든 저와 저희 가정은 말씀을 붙들고 주님만 섬기겠나이다. 매일 믿음의 선택을 하며 살 수 있도록 저희에게 용기와 힘을 더하여 주옵소서. 예수님의 이름으로 기도드렸습니다. 아멘

노트

세네카 | 너에게 해를 끼친 사람은 너보다 강하거나 약하다. 그가 너보다 약했다면 그를 용서하라. 그가 너보다 강하다면 너 자신을 용서하라.

오늘의 나의 묵상

위 그 노
처 럼

DAY
21

다양성 속에서
일치를 추구하라

"은사는 여러 가지나 성령은 같고 직임은
여러 가지나 주는 같으며 또 사역은 여러 가지나 모든 것을
모든 사람 가운데서 이루시는 하나님은 같으니"

고전 12:4~6

우리는 지금 다원주의 시대를 살고 있습니다. 다양성을 인정하고, 다양한 의견을 존중하는 시대에 산다는 말이지요. 이런 시대에서는 차이를 인정하고 차별은 거부하는 지혜가 필요합니다. 다원주의란 말을 들을 때 종교다원주의를 연상하며 불편한 마음을 갖는 분들도 많습니다. 기독교는 예수 그리스도만이 길과 진리, 생명이 된다는 사실을 믿는 종교입니다. 다른 종교에도 구원이 있다는 종교다원주의식의 주장은 결코 받아들일 수도, 받아들여서도 안 됩니다.

그러나 다원주의는 다릅니다. 다원주의는 배제하지 않고 포용하는 것입니다. 이는 더불어 사는 지혜로 현대 민주주의의 바탕을 이루는 정신입니다. 개신교는 다원성을 중요하게 생각합니다. 그래서 개신교회는 민주적인

한 줄 묵상

**다원주의 시대를 사는 우리가 온전한 일치를 이루려면
서로의 이기심을 버리고 삼위이시면서 한 몸이 되신
하나님과 성령님, 예수님을 바라보아야 합니다.**

DNA를 가지고 있습니다. 물론 불가시(不可視)적 교회는 하나님의 절대적인 통치를 받는다는 의미에서 민주적일 수 없습니다. 우리는 하나님의 통치에 절대적으로 순종해야 하기 때문입니다.

하지만 사람과 지역, 문화에 뿌리를 두고 세워지는 가시적 교회에는 구성원들의 다양한 색깔에 따른 다양한 의견과 방식이 존재하게 되어 있습니다. 그러므로 성도들은 서로의 다양성을 인정해야 합니다. 물론 교회는 하나님 안에서 공동의 신앙고백을 하며 일치(unity)를 이루지만 모두가 같은 옷을 입고 같은 행동을 하는 획일화(uniform)된 공동체는 아닙니다. 이단은 획일성을 강조합니다. 그들은 추종자들에게 하나의 유니폼만 입히려 합니다.

중세 가톨릭교회는 교황을 정점으로 하는 일원적인 구조로 되어 있었습니다. 그래서 자연스레 구조적으로 계급이 존재하는 서열이 생겨났고, 그 서열은 독재라는 통치방식을 탄생시켰습니다. 긍정적인 요소도 있긴 합니다. 비상 상황에서 빠른 결정을 통해 힘을 하나로 모으고 일사불란하게 움직여 어려운 상황을 돌파할 수 있기 때문입니다.

하지만 그것이 부패하면 걷잡을 수 없게 됩니다. 절대권력은 절대 부패합니다. 16세기에 절대적인 권력 구조를 가진 교회도 절대 부패를 피하지 못했습니다. 아무도 교회 권력에 제동을 걸 수 없었습니다. 자연스레 교회는 타락의 길로 가게 됐습니다. 그것이 중세교회의 가장 큰 문제였습니다. 지금 우리도 이 획일성의 문제에 대해 경각심을 갖고 살아야 합니다. 언제나 타자들을 존중하고, 스스로 겸비하며, 열린 마음을 가져야 합니다. 이것이 다원주의 시대를 살아가는 지혜입니다.

중세교회의 일원적인 계급구조의 문제를 처절하게 경험한 종교개혁자들은 교회는 반드시 다양성을 가져야 한다고 생각했습니다. 그것이 절대권력을 막아내고 절대부패를 피하기 위한 길이었기 때문입니다. 개신교회에 수많은 교파와 다양한 신앙고백이 존재하는 이유가 여기에 있습니다. 하지만 다양성만으로는 완전할 수 없습니다. 다양성 속에 일치가 있어야 합니다. 다원성을 강조한 개신교회는 지난 500여 년 동안 다양성의 부작용도 경험했습니다. 긴급한 상황에 한목소리를 내기 어렵고 좋은 일을 위해서도 힘을 모으기가 어렵게 되었습니다. 다양성이란 이름 하에 너무 많은 교파가 생겨났습니다. 다양성을 빙자한 분열이라고 할 수 있습니다. 아무리 좋은 것도 도를 넘으면 해로운 법이지요.

지금은 다양성 속에서 일치를 도모해야 할 시간입니다. 우리는 삼위일체 하나님에게서 다양성 가운데 일치의 본을 볼 수 있습니다. 다원주의 시대를 사는 우리가 온전한 일치를 이루려면 서로의 이기심을 버리고 삼위이시면서 한 몸이 되신 하나님과 성령님, 예수님을 바라보아야 합니다. 그때 다양성 속에 일치라는 신비로운 역사가 일어납니다.

오늘도 나와 다른 사람을 인정하고 존중하십시오. 그러면서도 하나님을 향해 하나가 되어 걸어가는 일치의 삶을 추구하십시오. 이것이 다원주의 시대를 살아가는 교회와 성도의 길입니다.

기도

하나님 아버지, 저는 다른 것을 인정하고 존중하는 삶을 살지 못했습니다. 오히려 타인들이 틀렸다고 판단하고 비판했습니다. 저와 같아져야 한다고 생각하며 살았습니다. 사람을 다양하게 만드시고 지역 교회에 다양성을 주신 이가 주님이심을 인정하며 회개합니다. 하나님의 뜻은 다양성 속에서 일치를 이루는 것임을 깨달아 이를 추구하며 살아가는 지혜를 허락하여 주옵소서. 아멘

노트

루퍼투스 멜데니우스 | 본질적인 것에는 일치를, 비본질적인 것에는 자유를, 그리고 모든 것에는 사랑을!

오늘의 나의 묵상

위그노처럼

교회를 사랑하라

DAY
22

"이 외의 일은 고사하고 아직도 날마다
내 속에 눌리는 일이 있으니
곧 모든 교회를 위하여 염려하는 것이라"

고후 11:28

최근 믿음은 있지만 교회를 떠나 방황하는 소위 '가나안 성도'들이 늘어나고 있습니다. '가나안 성도'는 '안 나가 성도'를 거꾸로 부르는 표현입니다. 이들은 "예수는 좋지만 교회는 싫다. 예수는 믿지만 교회는 믿지 않는다"고 말합니다. 팬데믹을 겪으며 이런 가나안 성도들이 더욱 늘어나고 있습니다. 안타까운 현실입니다. 교회가 성도들에게 실망을 끼친 것도 문제이지만, 사람들의 교회에 대한 잘못된 이해도 큰 문제입니다.

교회는 우리의 믿음과 사랑의 대상입니다. 크리스천들은 마땅히 교회를 신뢰하고 사랑해야 합니다. 우리는 매주일 "나는 거룩한 공교회를 믿사오며"라고 고백합니다. 왜 그렇습니까? 교회는 지상에 있는 주님의 몸이기 때문입니다. 그러므로 교회를 사랑하지 않고 주님을 사랑한

한 줄 묵상

**교회를 사랑하지 않고
주님을 사랑한다고 할 수 없습니다.**

다고 할 수 없습니다. 교회를 위하지 않으면서 주님을 위한다고 할 수 없습니다. 초기 순교자 키프리아누스는 "당신이 교회를 어머니로 가지지 않는다면 하나님을 아버지로 가질 수 없다"라고 했습니다. 장 칼뱅도 "어머니인 교회를 떠나는 것은 아버지인 하나님과 그리스도를 부정하는 것으로 그런 사람들은 구원을 받을 수 없다"고 했습니다. 이에 비하면 교회에 대한 우리의 생각은 매우 피상적이고 깃털보다 더 가볍습니다.

이런 상황에까지 이르게 된 것은 참으로 가슴 아픈 일입니다. 우선 교회의 책임이 큽니다. 교회가 본질을 저버리며 교회답지 못했기 때문입니다. 그래서 먼저 교회를 교회 되게 해야 합니다. 이것이 너무나 중요합니다. 다른 한편으론 교회에 대한 우리의 잘못된 인식도 지금의 사태를 초래한 주요한 요인입니다. 그렇습니다. 교회가 잘못된 데에는 우리 모두에게 책임이 있습니다. 지금 교회의 모습이 내 모습입니다. 우리 자신이 교회를 이루는 지체이기 때문입니다.

지상의 교회는 양면성을 가지고 있습니다. 죄의 본성을 지닌 사람들로 구성되었기에 많은 문제가 있습니다. 하지만 주님의 몸이기에 완전합니다. 그러니 지상 교회의 많은 문제 속에서도 그것을 온전하게 하시는 주님을 바라봐야 합니다. 주님께서 육체를 입고 오셨을 때, 사람들은 주님을 무시했습니다. 흠모할 것이 하나도 없고 약하고 초라하게 보였기 때문입니다. 우리 주님이 사람의 몸을 입으심으로 인간이 처하는 연약함에 거하셨기 때문입니다. 그러나 주님은 죄가 없는 거룩한 분이셨습니다.

우리는 주님의 교회를 따뜻한 사랑의 시선으로 바라봐야 합니다. 어떤 시선을 갖느냐가 정말로 중요합니다. 지금도 세상 사람들은 주님의 몸인 교회를 보고 비아냥거립니다. 그렇다고 주님의 몸 된 교회인 우리까지 동조해서야 되겠습니까?

지상의 교회는 사람의 눈에 보잘 것 없어 보입니다. 조직도 허술하고 구성원들의 면면도 별 볼일 없어 보입니다. 그들의 도덕성도 떨어지니 거룩함에 대한 의심이 앞섭니다. 하지만 교회는 완전하고 거룩합니다. 주님의 몸이기 때문입니다. 주님의 성령이 붙들고 계시기 때문입니다. 교회의 완전함과 거룩함은 본래부터 성도들의 인격이나 도덕성에 있지 않았습니다.

 교회의 원형이라 할 수 있는 초대교회에도 많은 문제가 있었습니다. 그러나 누구도 그 교회가 잘못된 교회라고 말하지는 않습니다. 교회의 완전함과 거룩함은 성도가 아닌 주님께 달려있기 때문입니다. 교회의 목적은 오직 사람들을 그리스도께로 이끌어 작은 그리스도로 만드는 것입니다. 그래서 참된 교회는 신성하며 그 일을 감당하는 사람들은 누구나 영광스러운 일에 동참하는 것입니다.

 이제 우리는 주님의 몸인 교회를 사랑하고 교회를 위해 해산하는 수고를 해야 합니다. 주님의 교회를 염려해서 날마다 마음의 눌림을 갖고 살았던 바울의 마음으로 돌아가야 합니다. 그가 그리스도의 남은 고난을 자신의 육체에 채웠던 것도 교회를 위해서였습니다. (골 1:24) 오늘도 주님을 사랑하는 마음으로 당신이 속한 교회를 위해 기도하십시오. 교회와 교우가 당하는 아픔을 가슴으로 품어 안아 보시기 바랍니다.

기도

하나님 아버지, 저에게 섬길 수 있는 교회를 허락하셔서 감사합니다. 이제부터는 교회를 육체의 눈이 아니라 영의 눈으로 보기 원합니다. 교회가 주님의 몸임을 알아 사랑하고, 위하고, 섬기는 삶을 살기 원합니다. 남들이 교회를 비난할 때 그들과 함께 서지 않게 하시고 교회의 아픔을 가슴에 품어 함께 울고, 함께 기도하는 성도가 되게 하옵소서. 예수님의 이름으로 기도드렸습니다. 아멘

노트

장 칼뱅 | 연약한 우리는 일평생 '교회라는 학교'에서 배워야 한다. 이 학교에서 떠나는 허락을 받을 수 있는 자는 아무도 없다. 그뿐만 아니라 교회의 품을 떠나서는 죄의 용서나 구원을 받을 수 없다. 교회를 떠나는 것은 언제든지 비참한 결과를 초래한다.

오늘의 나의 묵상

위그노처럼

DAY
23

예배를 지켜라

"이는 너희가 대대로 여호와 앞 회막 문에서 늘 드릴 번제라 내가 거기서 너희와 만나고 네게 말하리라"
출 29:42

'내가 거기서 너희와 만나고'란 구절을 읽을 때마다 가슴이 떨립니다. 하나님이 우리와 만나신다니 어찌 떨리지 않을 수 있겠습니까? 절대자이신 하나님과의 만남이야말로 우리가 추구하는 최고의 소망입니다. 그 만남은 예배를 통해 이뤄집니다. 그러므로 예배보다 더 놀랍고, 거룩하고, 가치 있는 것은 없습니다. 우리의 모든 것, 아니 목숨까지 걸어도 아깝지 않은 것이 바로 예배입니다.

그런데 요즘 이 소중한 예배가 흔들리고 있습니다. 팬데믹이 남긴 가슴 아픈 흔적입니다. 지금 가장 시급한 일이 무엇입니까? 예배를 회복하는 것입니다. 예배가 흔들리면 모든 게 흔들립니다. 우리 인생도, 신앙도, 교회도 요동치게 됩니다.

일본에는 현재 도자기를 만드는 3대 가문이 있습니다.

한 줄 묵상

**예배가 흔들리면 모든 것,
즉 우리 인생과 신앙, 교회가 요동치게 됩니다.**

사쓰마 도예, 가라쓰 도예, 아리다 도예입니다. 이 셋은 모두 임진왜란과 정유재란 전후로 일본에 붙잡혀 간 조선인들에 의해 이뤄진 도예 명문가들입니다. 그중에서도 사쓰마 도예는 일본의 도예를 세계화한 최고의 명문가지요. 그들은 대대로 명품 도기를 만드는 데 필요한 매우 중요한 교훈을 지키고 있습니다. 바로 "어떤 순간에도 물레의 심을 잊지 말라"는 교훈입니다. 물레에 흙을 놓고 돌릴 때 가장자리는 돌아가지만 중심은 정지해 있는데, 그 움직이지 않은 점이 '심'입니다. 온 힘을 다해 돌리는 물레에서 이 움직이지 않는 심을 찾는 것이 도공의 평생에 걸친 일입니다. 아무리 좋은 재료로 최선을 다해 작업을 해도 이 심이라는 중심이 흔들리면 결코 좋은 작품을 만들 수 없습니다. 예배는 도공이 돌리는 물레의 심과 같습니다. 우리도 신앙의 중심이 흔들리지 않는 예배를 드려야 합니다. 아니, 요즘 시대에는 예배를 '지켜야' 합니다.

위그노는 한마디로 예배에 목숨을 건 사람들입니다. 그들은 예배를 '지키기 위해' 모든 것을 포기했습니다. 그들은 박해를 피해 광야에서, 산속에서, 지하실에서 예배를 드렸습니다. 위그노인 마리 뒤랑은 19세의 꽃다운 나이에 에귀 모르트의 콩스탕스 탑에 갇혀 38년을 보냈습니다. 그의 집에서 드려진 개신교 예배에 참여했다는 이유 때문이었습니다. 그의 부모와 오빠도 체포되어 감옥에 갇혔다가 처형되었습니다. 예배드리다가 온 가정이 풍비박산된 것입니다. 그럼에도 마리는 예배를 포기하지 않았습니다. 차가운 돌 감옥에서도 동료들과 함께 뜨거운 예배를 드렸습니다. 무려 38년 동안이나요. 그 기간 동안 마리가 갇힌 돌 감옥은 하나님의 임재로 충만한 예배의 장소였습니다.

파리 6구의 생 자크 거리에서는 훗날 '충격의 사건'이라고 불리게 된 개신교 예배가 드려졌습니다. 위그노들은 가톨릭 수호의 본부라고 할 수 있는 소르본 대학 옆 건물에서 예배를 드렸습니다. 이 일로 120명이 체포되었고 그들 중 일부는 처형되었습니다. 그 예배에 참석했던 그라브롱 부인은 신부복 차림으로 화형대에 올랐습니다. 예수 그리스도의 신부로 주님 맞이하러 가겠다는 다짐이었겠지요. 그야말로 그들은 죽음을 담보한 담대한 예배를 드렸습니다.

이런 예배를 두고 어떤 이들은 "그건 무모한 짓이야. 꼭 그렇게까지 예배를 드려야 하는가?"라고 냉소하며 비난하기도 합니다. 그들의 소리를 듣지 마십시오. 용기를 내어 하나님의 소리를 들으십시오! 만왕의 왕께 드리는 예배는 희생과 위험을 감수할만한 충분한 가치가 있습니다.

여러분은 요즘 어떤 예배를 드리고 계십니까? 생명을 건 진정한 예배에 대한 갈망이 있습니까? 지금 바로, 머무는 그 자리에서 예배를 드리십시오. 오늘이라는 이 순간이 바로 참된 예배를 드릴 때입니다. 마리 뒤랑처럼, 그라브롱 부인처럼….

우리는 마지막 날에 하늘의 어린 양 보좌 앞에서 거룩한 예배자로 서게 됩니다. 이 땅에서 '흔들리지 않는 예배', '목숨보다 더 소중한 예배'를 드린 자만이 그 자리에 설 자격을 부여받습니다. 모든 것이 요동치는 이 세상에서 결코 흔들리지 않는 예배를 드리는 참된 예배자가 되기를 결심합시다. 생명을 걸고 예배를 지키십시오. 하나님이 여러분을 지켜보고 계십니다.

기도

하나님 아버지, 저를 예배자로 불러주셔서 감사합니다. 오늘도 저의 몸과 마음을 거룩한 산제사로 드립니다. 어떤 상황에서도 참다운 예배를 드리려는 용기를 주옵소서. 예배를 경시하는 지금 세대에서 생명 다해 예배를 지키게 해주십시오. 하늘에서 주님 다시 만날 그날까지 흔들리지 않는 예배자가 되게 하옵소서. 예수님의 이름으로 기도드렸습니다. 아멘

노트

토미 테니 | 예배는 절대적인 항복과 갈망의 표시로 하늘을 향해 두 손을 드는 것이다. 그것은 이 땅의 존재들이 하늘에 계신 창조주의 시선을 사로잡기 위함이다. 예배야말로 하나님께서 작은 공간의 한정된 관점에 갇혀 있는 우리들을 들어 올려 그분의 관점으로 세상을 보도록 하시는 방법이다.

오늘의 나의 묵상

위그노처럼

DAY
24

교회를
교회 되게 하라

"또 내가 네게 이르노니 너는 베드로라 내가 이 반석 위에
내 교회를 세우리니 음부의 권세가 이기지 못하리라"
마 16:18

'개혁된 교회는 항상 개혁되어야 한다(Ecclesia reformata, semper reformanda)' 이는 위그노와 칼뱅에 의해 탄생한 프랑스 개혁교회의 좌우명이며 DNA입니다. 이것은 이미 성 어거스틴과 네덜란드 신학자 로엔슈타인이 주장했고, 종교개혁 이후 칼 바르트와 한스 큉이 강조한 내용이기도 합니다. 교회의 지속적인 개혁은 교회를 교회 되게 하는 일입니다. 개혁을 멈춘 교회는 화석화되어 생명력을 잃게 됩니다. 이것은 달리는 자전거의 페달 돌리는 일을 그만두는 것과 같습니다.

오늘날 우리 한국교회는 위기에 처해있습니다. 여기저기서 문제가 터지고 있습니다. 교회의 세속화와 사유화 현상이 심각합니다. 강단에서는 복음의 본질이 아닌 사람들 듣기 좋은 설교가 난무합니다. 세상 사람들은 교회

한 줄 묵상

**교회의 개혁은 우리 주님과 그의 교회를 사랑하는
사람들의 몫입니다.**

안에서 벌어지는 갈등과 다툼을 보며 눈살을 찌푸립니다. 정기적으로 교회에 나가지 않고 스스로 예배를 드리는 '가나안 교인'이 늘고 있습니다. 아이들은 교회보다 세상 문화를 더 즐기며 젊은 세대는 교회를 외면하고 있습니다.

지난 10년 동안 한국에서 200만 명 이상의 성도가 줄었습니다. 1000명 모이는 교회 2000개가 사라진 셈입니다. 위기를 감지한 교회들은 다양한 프로그램을 개발하고 뜻있는 이들이 교회 개혁과 재부흥을 외치고 있지만, 변죽만 울리거나 헛발질에 그치기 일쑤지요. "그래도 우리는 부흥하고 있다"고 스스로 만족하는 교회도 있으나 이미 기울어진 타이타닉호의 뱃머리에 모이는 쏠림현상에 불과합니다.

진실로 교회 개혁이 필요한 시대입니다. 개혁만이 살 길입니다. 개혁은 본질로 돌아가는 겁니다. 본질은 무엇입니까? 주님의 주권입니다. 사람이 주인이 아니라 주님이 주인이십니다. 교회는 주님이 세우시고 주님이 다스리십니다. 주님은 분명히 말씀하셨습니다. "이 반석 위에 내 교회를 세우리니…"(마 16:18) 우리의 교회가 아니라 주님의 교회입니다. 그러므로 우리는 교회의 주권을 주님께 드려야 합니다. 오직 복음만이 본질입니다. 복음에는 생명력이 있습니다. 그래서 복음이 들어가면 살아나는 역사가 일어납니다.

우리는 지금 예수 그리스도의 십자가 복음, 은혜의 복음, 오순절 성령의 역사로 돌아가야 합니다. 어거스틴 이후 중세 천년 동안 교회는 덩치를 키우고 탄탄한 조직력을 만들며 세속의 권력을 능가하는 힘을 가졌지만, 교회의 본질을 왜곡했습니다. 종교개혁은 초대교회 사도들이 전해준 복음, 은혜의 복음으로 돌아가는 운동이었습니다. 마틴 로이드 존스가 말한 것처럼, 부흥은 옛 우물을 파는 겁니다. 이삭이 그랄 골짜기에 장막을 치고 거하면서 그의 조상 아브라함이 파서 마셨던 그 우물을 다시 팠던 것처럼 말입니다. 교회의 부흥과 회복은 기발한 프로그램이나 기술에 있지 않고 복음으로 돌아가는 겁니다. 그게 진정한 개혁입니다.

교회의 개혁은 우리 주님과 그의 교회를 사랑하는 사람들의 몫입니다. 아무나 목소리를 높여서는 안 됩니다. 주님을 위해서라면 나 자신뿐 아니라 내 생명보다 더 소중한 그 무엇도 드릴 수 있는 사람만이 교회 개혁을 외칠 수 있습니다. 우리가 위그노를 기억하고 그리워하는 것은 그들이 생명을 걸고 복음의 본질을 지켰기 때문입니다. 본질을 떠난 가톨릭교회에 저항하며 개혁의 길을 갔기 때문입니다. 그들은 누구보다 주님과 교회를 사랑했기에 광야의 삶을 두려워하지 않고 교회의 교회 됨을 위해 헌신했습니다.

개혁된 교회는 계속해서 개혁되어야 합니다. '끊임없이 개혁되는' 교회만이 생명력을 유지하고 시대 변화와는 상관없이 사명을 감당할 수 있기 때문입니다. 복음으로 개혁된 교회는 매력이 있습니다. 아이들과 젊은이들, 가나안 성도들은 그 매력을 보고 다시금 교회로 돌아올 것입니다.

당신이 진정으로 교회를 사랑한다면 오늘 당장 교회가 복음의 본질로 돌아가 개혁되기를 위해 기도하고 행동하십시오. 무엇보다 먼저 당신의 마음속에 주님의 몸 된 교회를 뜨겁게 사랑하는 마음이 있는지를 점검하십시오.

기도

하나님 아버지, 저를 주님의 몸인 교회의 지체로 부르셔서 감사합니다. 주님의 교회를 섬기게 하시니 감사합니다. 교회를 내 몸처럼 사랑하며, 교회가 끊임없이 본질을 향해 개혁되는데 헌신할 수 있도록 해주시옵소서. 우리의 교회가 매력 있는 공동체가 되어 수많은 잃어버린 영혼들을 구원하게 도와주시옵소서. 예수님의 이름으로 기도드렸습니다. 아멘

노트

칼 바르트 | 교회는 세상의 방식과 전혀 다른 새로운 표지, 세상과 충돌하지만 가능성으로 충만한 길을 가리키는 표지를 이 세상에 세우기 위해 존재한다.

오늘의 나의 묵상

위그노처럼

DAY
25

교회의 주인은 주님뿐임을 명심하라

"또 만물을 그의 발아래에 복종하게 하시고
그를 만물 위에 교회의 머리로 삼으셨느니라"

엡 1:22

교회의 주인은 예수 그리스도 한 분이십니다. 하나님은 만물을 그에게 복종하게 하시고 그를 만물 위에 교회의 머리로 세우셨습니다. 교회는 예수님을 머리로 하여 성도들이 그의 지체가 되는 공동체입니다. 정상적인 몸은 철저하게 머리의 지배를 받습니다. 머리가 결정하면 그 결정 사항이 신경을 통해 전달되면서 몸이 움직입니다. 그러므로 건강한 교회는 머리이신 주님께 완전히 복종합니다. 교회 안에서 주님 이외에 그 누구도 주인이 될 수 없고, 되어서도 안 됩니다.

16세기 중세교회에서는 성직자들이 머리 노릇을 했습니다. 예수는 이름뿐이었고 그 자리를 성직자가 대체했습니다. 교회의 주인이 바뀌어 버린 거지요. 그들은 교황을 정점으로 하는 교회의 계급 구조(hierarchy)를 만들

한 줄 묵상

**교회는 유일한 주인이신 예수님을 머리로 하여
성도들이 그의 지체가 되는 공동체입니다.**

었고, 7가지 성례를 통해 그 구조와 권력을 유지했습니다. 성직자만이 그 성례를 독점함으로써 거기서 제외된 성도들은 구원에 대해 심각한 위기에 처하게 됩니다.

16세기에 유럽에서 일어난 종교개혁은 교회의 주권을 주인이신 예수님께 돌려드리는 운동입니다. 그들은 예수님만이 교회의 주인이시고 성직자를 포함한 모든 성도(all the saints)는 동등하다고 선언했습니다.

그러기 위해서는 우선적으로 교회의 계층구조를 깨야 했습니다. 루터의 '만인제사장' 이론이 나온 것이 바로 그 때문입니다. 구원과 예배와 기도와 관련해 '모든 성도는 동등한 지위를 가지며 성직자를 의지하지 않더라도 누구나 직접 하나님 앞에 나갈 수 있다'는 겁니다. 이는 당시 로마 가톨릭교회가 주장한 사제의 중보론을 부인하는 주장이었습니다.

성직자와 평신도는 계급이 아니라 기능에 있어서 다를 뿐입니다. 그렇다고 성직자들이 하는 일을 일반 성도들이 전부 할 수 있다는 것은 아닙니다. 성직은 일종의 전문직이라 할 수 있습니다. 그것을 위해 구분되고, 훈련받고, 안수를 받아야 합니다.

칼뱅과 위그노 교회도 루터의 만인제사장설을 지지했습니다. 이에 동조하는 교회를 개혁교회라고 부르는데 이들은 루터보다 더 개혁적이었습니다. 칼뱅은 교회의 직분을 목사, 장로, 집사, 교사로 나눴고 위그노 교회는 목사, 장로, 집사로 나눴습니다. 이들 사이에는 어떤 계층구조도 없었습니다. 어느 시대를 막론하고 교회의 직분은 계급이 될 수 없습니다! 이후 당회, 시찰회, 노회, 총회 등의 구조를 만들어 교회의 중요사항을 결정하는 쪽으로 발전합니다. 이는 교인과 교회가 선출한 대표들에 의해 구성되는 대의정치 모델로 공화제와 대의민주주의적인 요소를 지닙니다.

일제하에 상해 임시정부가 헌법을 만들 때, 1조와 2조에 장로교회 헌법에 상응하는 공화제와 대의민주주의를 명시했습니다. 이것은 개신교인들이 3·1운동과 독립운동에 대거 참여하면서 장로교회 헌법의 영향을 받았던 것으로 보입니다. 당시 우리나라와 일본, 중국에는 이런 개념이 없었습니다. 그런데 임시정부 헌장 제정을 주관한 조소앙이 개신교인이었기 때문에 그가 장로교회의 헌법을 참조했던 것 같습니다.

루터는 '교회의 바벨론 포로'라는 논문을 통해 교회와 성도가 7성례에 완전히 사로잡혀 있다며 중세교회의 7성례를 비판했습니다. 개신교회는 예수님이 직접 제정하신 2개의 성례, 즉 세례와 성찬만 인정했습니다. 이렇게 해서 개신교회는 성직자들이 독점하고 있던 교회의 주권을 예수 그리스도께 돌려드렸습니다. 우리는 그 정신을 계속 유지해야 합니다.

뼛속 깊이 죄의 성품을 지닌 인간은 자꾸만 대장이 되고, 주인행세를 하고 싶어 합니다. 어떤 교회는 목사가, 어떤 교회는 장로가, 어떤 교회는 특정 기관이 주인이 됩니다. 모두가 주인행세를 함으로써 죄를 짓고 있는 것입니다. 교회의 주인은 오직 예수 그리스도이십니다! 결코 이 사실을 잊으면 안 됩니다.

당신이 섬기는 교회의 주인은 누구인가요? 혹시 당신이 교회의 주인처럼 행세하고 있지는 않은지요? 이제부터는 교회의 머리이신 주님 앞에 모든 것을 내려놓고 복종하는 지체로 교회를 섬기시기 바랍니다.

기도

하나님 아버지, 교회의 주인은 오직 한 분 예수 그리스도이심을 고백합니다. 그동안 저도 모르는 사이에 주인의식을 갖는다며 교회에서 주인행세 했던 부끄러운 모습을 고백하오니 용서해 주옵소서. 앞으로는 겸손하게 낮은 자세로 주님을 섬기고 이웃을 사랑하는 성도로 살게 하여 주옵소서. 예수님의 이름으로 기도드렸습니다. 아멘

노트

오스왈드 챔버스 | 자신이 이곳에서 매우 중요한 사람이라고 착각하지 말라. 그 대신 "하나님께서 내가 이곳에 있기를 원하시니 내가 이곳에 있다"고 말하라.

오늘의 나의 묵상

위 그 노
처 럼

DAY
26

교회의 사명인
선교에 진력하라

"교회는 그의 몸이니 만물 안에서
만물을 충만하게 하시는 이의 충만함이니라"

엡 1:23

교회는 제자들에 의해서 급조된 것이 아니라 하나님의 영원한 계획 속에서 세워진 공동체입니다. 그 계획은 도도하게 펼쳐지는 하나님 나라의 구원 역사를 위한 것입니다. 승천하셔서 하나님 우편 보좌에 앉으신 주님은 마지막 날에 다시 오셔서 역사에 종지부를 찍으실 겁니다. 그리스도의 재림(파루시아)은 역사의 오메가 포인트입니다. 예수님의 재림으로 모든 역사가 완성됩니다. 그때까지 지상에는 예수님께서 아버지로부터 받아 보내주신 성령과 성령 받은 제자들을 통해서 세워진 교회가 존재합니다.

지금은 성령과 교회의 시대입니다. 성령과 교회는 예수 그리스도께서 십자가에서 이루신 복음을 온 세상에 전하고 그가 가르치신 하나님의 나라를 이루어 갑니다.

한 줄 묵상

**교회는 선교를 위해서 존재해야 하고 선교하는
교회는 생명력이 넘치게 됩니다.**

사도 바울은 교회를 '지상에 있는 그리스도의 몸'이라고 했습니다. 승천하신 그리스도께서 지상의 교회를 통해 우리와 함께하십니다. 그리스도의 몸인 교회를 통해 세상을 구원하시려는 하나님의 역사가 이뤄집니다. "교회는 그리스도의 몸이며 만물을 완성하시는 분의 계획이 그 안에서 완전히 이루어집니다."(엡 1:23, 공동번역) 말씀 그대로 하나님은 교회를 통해서 만물을 새롭게 하시는 구원 계획을 이뤄 가십니다.

복음 전파를 통한 구원의 역사야말로 교회의 사명입니다. 성령과 교회는 지난 2000년 동안 쉼 없이 이 일을 행하고 있습니다. 구원을 위해 행하는 '이 일'이 바로 전도며 선교입니다. 이보다 더 급하고 중요한 일은 없습니다. 교회는 하나님을 향해서는 예배하는 공동체이고, 세상을 향해서는 선교하는 공동체입니다. 교회가 없거나 교회가 건강하지 못해서 이 사명을 감당하지 못하면 세상은 어두움에서 벗어나지 못합니다. 그러므로 교회는 세상을 구원하기 위한 전도와 선교 사명에 전력을 쏟아야 합니다.

마귀와 음부의 권세는 지금도 교회를 무너뜨리려 합니다. 2000년 전에 예수님을 시험하고 공격하며 십자가에 못 박은 것처럼, 지금은 교회와 맞서 싸우려 서 있습니다. 왜 그럴까요? 그들이 교회의 진짜 사명을 알고 있기 때문이지요.

종교개혁은 교회의 본질 회복 운동이었습니다. 교회의 본질은 '그리스도께서 머리가 되시는 그리스도의 거룩한 몸'입니다. 그래서 종교개혁은 '교회의 주권 돌려드리기 운동'이라고 할 수 있습니다. 이 일을 위해 위그노는 300년 동안이나 박해의 어두운 터널을 통과했습니다. 피로 얻어낸 소중한 교회의 본질을 우리가 힘써 지켜야 합니다.

거듭 말하지만 교회의 사명은 잃어버린 영혼을 구원하기 위한 전도와 선교입니다. 종교개혁 시대에는 본질 회복과 생존에 집중하느라 전도와 선교에 힘을 쏟지 못했습니다. 독일 개신교회는 오랜 노력 끝에 교회의 본질을 찾았지만 곧 무기력한 교리주의와 정통주의에 빠져 생명력을 잃게 됩니다.

이에 저항해서 성령을 통한 중생의 체험을 강조하는 운동이 일어났습니다. 바로 18세기 독일 경건주의 운동으로 할레대학, 헤른후트, 모라비안 교도, 진젠도르프 백작 등이 중심지와 중심인물이 되었습니다. 경건주의 운동은 독일교회에 신선한 바람과 생명력을 불어넣어 종교개혁에 없었던 새로운 역사를 시작했습니다. 바로 세계 선교에 매진하게 된 것입니다. 드디어 개신교회는 본연의 사명을 회복하게 되었습니다.

선교는 교회의 사명입니다. 선교는 교회의 프로그램이 아니라 교회의 DNA입니다. 교회는 선교를 위해 존재해야 합니다. 선교하는 교회는 생명력이 넘치게 됩니다. 포스트 코로나 시대에도 활력 넘치는 교회가 되기 위해선 반드시 선교적 교회가 되어야 합니다. 교회 상황이 어려워졌다고 선교를 멈춘다면 달리는 자전거의 페달을 더 이상 밟지 않는 것과 같습니다.

다른 사람이 아닌 바로 나부터 선교에 참여해야 합니다. 선교지로 직접 나가든지, 선교를 위해 기도하고 후원하든지 어떤 모양으로든 참여해야 합니다. 이것이 교회와 그리스도인의 피할 수 없는 사명이기 때문입니다.

기도

하나님 아버지, 저를 구원해 주시고 교회의 지체로 살게 하시니 감사합니다. 교회의 사명인 전도와 선교를 감당하는 일에 저와 저희 가족들의 삶이 쓰임 받기를 원합니다. 또한 우리 교회가 주님께서 명하신 세계 선교를 감당하는 선교적 교회가 되게 하여 주시옵소서. 예수님의 이름으로 기도드렸습니다. 아멘

노트

존 웨슬리 | '내 돈을 얼마나 많이 하나님께 드릴 것'인가 고민하지 말고 '하나님의 돈을 내가 얼마나 많이 간직할 수 있을까'를 고민하라. 교회의 최고 과제는 세계의 복음화이다. 무수히 많은 사람들이 아직도 복음을 듣지 못하고 있다. 당신이 이 땅에서 해야 할 한 가지 일이 있다. 그것은 영혼을 건지는 일이다.

오늘의 나의 묵상

위그노처럼

DAY

27

디아스포라의 삶을 살라

"예수 그리스도의 사도 베드로는 본도, 갈라디아, 갑바도기아, 아시아와 비두니아에 흩어진 나그네 곧 하나님 아버지의 미리 아심을 따라 성령이 거룩하게 하심으로 순종하고 예수 그리스도의 피 뿌림을 얻기 위하여 택하심을 받은 자들에게 편지하노니 은혜와 평강이 너희에게 더욱 많을지어다"

벧전 1:1~2

'흩어진 나그네'는 디아스포라 유대인을 말합니다. 디아스포라는 '흩어서 뿌렸다'라는 뜻입니다. 그냥 흩어진 게 아니라 하나님께서 어떤 목적을 가지고 흩어져 살게 하신 겁니다.

디아스포라의 삶은 고됩니다. 낯선 땅에서 익숙하지 않은 문화를 견디며 살아야 하기 때문입니다. 하지만 힘든 만큼 보람과 가치가 있습니다. 하나님은 디아스포라를 통해서 그의 뜻을 이루시기 때문입니다. 성경의 인물 대다수가 디아스포라의 삶을 살았습니다. 아브라함, 야곱, 요셉, 모세, 다니엘, 에스겔, 에스더, 느헤미야, 에스라 등.

주전 587년에 남왕국 유다 백성들은 나라가 바빌론에 망한 후 70년간 포로 생활을 하던 중에 페르시아의 왕 고

한 줄 묵상

**그리스도인들은 국내에 살든지 해외에 살든지
누구나 영적 디아스포라입니다.**

레스가 내린 칙령 덕분에 고국으로 돌아왔습니다. 하지만 모두가 돌아온 게 아니라 대다수는 바빌론과 페르시아 땅에 남았고, 그 전후로 팔레스타인 지역 외곽과 이집트와 지중해 지역으로 흩어져 살았습니다. 그것은 하나님의 계획이었습니다. 그들은 이방인들에게 복음이 전파되는 길이 되었습니다.

예루살렘이 멸망하고 바빌론에 포로로 잡혀간 유대인과 이집트와 지중해 연안 국가로 흩어진 유대인 디아스포라들은 그곳에서 유대인 공동체를 이루며 정착했습니다. 성전은 무너졌고 제사는 더 드릴 수 없게 된 상황이었습니다. 그들에게 남은 건 율법뿐이었습니다.

그래서 유대인 디아스포라들은 성전 대신에 회당을 만들었고 거기서 제사 대신에 율법을 강론하고 배우며 예배를 드렸습니다. 이것이 후에 기독교 예배의 모델이 되었습니다. 성육신하신 예수님은 이 회당을 사역 근거지로 삼으셨습니다. 예수님은 나사렛 회당에 들어가서서 희년을 선포하셨고 가버나움에서도 회당에서 갈릴리 사역을 시작하셨습니다. 사도들도 회당에 들어가 복음을 선포했습니다. 바울도 가는 곳마다 회당을 방문했고, 그곳에 모인 유대인들에게 예수 그리스도의 복음을 선포했습니다.

그리스도인들도 대부분 디아스포라가 되었습니다. 예루살렘 대부흥 이후에 큰 박해가 일어나자 그들은 흩어졌습니다. 그들은 가는 곳마다 복음을 전파하고 교회를 세웠습니다. 안디옥교회는 디아스포라들의 교회였습니다. 그들은 다시 바울과 바나바를 선교사로 파송해서 아나톨리아 반도와 유럽에 복음을 전했습니다.

박해로 인해 위그노들은 디아스포라가 되었습니다. 1572년 8월 24일에 발생한 성 바돌로매 대학살 사건과 루이 14세의 낭트 칙령 폐지 이후 시작된 대대적인 박해로 100만 명이나 되는 위그노들이 망명길에 올라 디아스포라의 고단한 삶을 살기 시작했습니다. 하지만 그들의 고된 디아스포라의 삶을 통해서 개혁신앙이 전파되고 도시가 변화되었습니다.

21세기에 우리 한민족도 세계에 흩어져 디아스포라의

삶을 살고 있습니다. 그 수가 750만을 넘어섰습니다. 중국인들은 어디를 가든지 식당을 세우지만 우리는 교회를 세웁니다. 마지막 때에 세계 선교를 위해서 하나님은 우리 민족을 사용하고 계십니다. 한류가 세계를 휩쓸고 우리나라의 국가 경쟁력이 비약적으로 향상된 데에는 디아스포라들이 큰 역할을 했습니다.

우리 그리스도인들은 누구나 디아스포라입니다. 국내에 살든지 해외에 살든지 모든 그리스도인은 영적 디아스포라입니다. 비록 이 땅에 살고 있으나 이 세상에 속하지 않고 하늘 아버지가 계신 본향을 향해 가는 나그네이기 때문입니다.

그래서 우리는 디아스포라의 영성을 가지고 살아야 합니다. 오늘도 하나님 나라의 디아스포라로서 자신의 모든 삶의 자리에서 복음을 전하며 하나님의 뜻을 이뤄 나가기 바랍니다.

기도

하나님 아버지, 저희는 오늘도 본향을 향해 가는 나그네 삶을 살고 있습니다. 하늘나라 디아스포라의 영성을 가지고 어디서든지 복음을 전하여 하나님의 뜻을 이루는 삶을 살기 원합니다. 오늘도 성령의 권능을 부어주셔서 전도자의 삶을 살게 하여 주옵소서. 예수님의 이름으로 기도드렸습니다. 아멘

노트

스탠리 하우어워스 | 구원받는다는 것은 다시 길을 떠나는 것이다. 기독교는 길을 떠나는 나그네 된 백성, 곧 그리스도를 통해서만 알 수 있는 것을 알기에 어디서든 차별화된 백성이 되어 살라는 초청이다.

오늘의 나의 묵상

위그노처럼
DAY
28

복음으로 세상을 변혁하라

"보좌에 앉으신 이가 이르시되 보라
내가 만물을 새롭게 하노라 하시고 또 이르시되
이 말은 신실하고 참되니 기록하라 하시고"

계 21:5

신구약 성경에 일관되게 흐르는 내용은 하나님 나라입니다. 그 나라는 하나님이 왕이시고, 그가 만물을 창조하시며, 구원하시고, 다스리는 나라입니다. 하나님 나라 복음의 영향력은 매우 광대합니다. 하나님의 구원과 은혜가 사람의 영혼을 넘어 가정과 사회와 국가에 이릅니다. 들에 핀 풀꽃과 공중에 나는 새와 우주의 모든 존재가 하나님의 구원을 맛봅니다.

요한계시록의 하나님은 만물을 새롭게 하시는 분이십니다. 그분은 이렇게 말씀하십니다. "보라 내가 만물을 새롭게 하노라." 참된 구원은 만물이 새롭게 되어 하나님의 영광을 노래하며 온전히 그의 다스림에 들어가는 것입니다. 이 복음이 들어가는 세상에는 큰 변화가 일어납니다. 복음이 로마제국에 들어가자 로마 사회가 변화

한 줄 묵상

**디아스포라는 세상을 변화시키고 만물을 새롭게 하시는
하나님의 계획입니다.**

되었습니다. 그 일을 감당한 사람들이 디아스포라였습니다.

종교개혁의 나라, 위그노와 칼뱅의 나라인 프랑스에서 개신교는 소수입니다. 이런 현상을 놓고 혹자는 프랑스 종교개혁은 실패했다고 합니다. 그러나 결코 그들의 종교개혁이 실패했다고 말할 수 없습니다. 흩어진 디아스포라 위그노들은 복음을 가지고 갔고, 교회를 세웠으며 그 사회를 변화시켰기 때문입니다. 위그노 디아스포라들은 세계 역사의 흐름을 바꿔 놓은 위대한 사람들입니다.

1572년 8월 24일 성 바돌로매 축일 대학살을 겪으면서 많은 위그노가 프랑스를 떠났습니다. 대학살 소식에 깊이 슬퍼한 영국의 엘리자베스 1세 여왕이 그들을 맞아

들였습니다. 영국에 정착한 위그노는 영국인들에게 지식과 기술을 전수해 주었습니다. 그것이 빅토리아 여왕의 화려한 대영제국 시대가 펼쳐지는 데 큰 역할을 했습니다.

당시 루이 14세의 박해로 25만 명 정도의 위그노들이 프랑스를 떠났습니다. 그들은 젊은 지성인들로 각종 기술을 가진 엔지니어들과 예술가들이었습니다. 육로를 통해 독일로 간 위그노는 3만 명 정도입니다. 브란덴부르크의 선제후 프리드리히 빌헬름은 포츠담 칙령을 선포하면서까지 위그노를 적극적으로 환영했습니다. 2만 명 정도가 그곳에 정착했고 엘리트 계층이 되었습니다. 당시 베를린에서 "나는 위그노입니다"라는 말은 곧 "나는 엘리트입니다"라는 말이 되었습니다. 위그노가 전해준 기술과 위그노의 활동으로 브란덴부르크의 산업은 가내수공업에서 공장제 제조업으로 바뀌었습니다. 그 결과 부국강병의 나라가 되었습니다. '철혈 재상'으로 불린 비스마르크가 통치하던 시대인 1870년에는 프랑스와의 전쟁(보불전쟁)에서 승리했습니다.

가장 많은 위그노가 정착한 나라는 네덜란드입니다. 6만 5천 명 정도입니다. 위그노는 그들에게 지식과 기술을 전했고 그 결과 네덜란드는 세계를 호령하는 해양 강국의 기틀을 마련했습니다.

영국에는 6만 명이 정착했습니다. 네덜란드 총독 출신인 윌리엄 3세가 왕이 되면서 네덜란드에 있던 위그노가 영국으로 다수 이동했습니다. 그들은 프랑스에서 직접 건너온 위그노와 함께 섬유와 방직기술 등 각종 지식을 비롯해 화려한 예술까지 선물했습니다. 그것이 산업혁명으로 이어졌습니다.

스위스로 간 2만 2천 명의 위그노는 시계를 비롯한 정밀산업을 일으켰습니다. 위그노는 또한 미국과 남아공의 발전에도 지대한 영향을 끼쳤습니다. 이렇게 박해를 피해 세계로 흩어진 위그노는 세계사를 변화시키는 기폭제가 되었습니다. 그들이 가는 곳마다 만물을 새롭게 하시는 하나님의 역사가 일어났습니다. 이처럼 디아스포라는 분명 세상을 변화시키고 만물을 새롭게 하시는 하나님의 계획입니다.

우리는 지금 디아스포라 시대를 살고 있습니다. 마음만 먹으면 세계 어디든지 갈 수 있습니다. 그리스도인은 어디를 가든지 하나님 나라 복음으로 세상을 변화시킬 수 있습니다. 여행으로 잠깐 가서 머무는 동안에도 그 땅을 위해서 기도하고, 만나는 이들에게 복음을 전할 수 있는 세상입니다. 오늘도 복음으로 세상을 변화시키는 선교적인 삶을 살기를 다짐합시다.

기도

하나님 아버지, 디아스포라 시대를 열어주셔서 감사합니다. 세계에 흩어진 디아스포라를 사용하셔서 복음으로 세상을 변화시키시려는 하나님의 놀라운 계획을 찬양합니다. 우리 그리스도인들이 이런 정신으로 세계에 나가게 하시고 우리가 가는 곳마다 하나님 나라가 확장되게 하옵소서. 코리안 그리스도인 디아스포라를 통해서 하나님의 영광이 온 땅을 덮는 그날을 소망합니다. 저희를 사용하여 주옵소서. 예수님의 이름으로 기도드렸습니다. 아멘

노트

허버트 케인 | 우리는 신구약 성경을 읽으면서 성경의 하나님은 선교의 하나님이라는 사실을 부인할 수가 없다. 기독교 선교가 성육신이나 오순절, 혹은 다른 역사적 사건에서부터 시작되었다고 생각하는 것은 잘못이다. 선교사역은 성경에 나타난 하나님의 성품에 그 기초를 두고 있다. 그러므로 진정한 그리스도인은 '세계를 품은 그리스도인'이 되어야 한다.

오늘의 나의 묵상

위그노처럼
DAY
29

영원한 본향을 기억하라

"이 사람들은 다 믿음을 따라 죽었으며
약속을 받지 못하였으되 그것들을 멀리서 보고 환영하며
또 땅에서는 외국인과 나그네임을 증언하였으니"
히 11:13

그리스도인은 이중국적자라고 할 수 있습니다. 세상 나라와 하나님 나라라는 이중의 멤버십을 가지고 살아가기 때문입니다. 이스라엘 백성은 이집트에서도 살고 광야에도 머물렀지만, 그들의 땅은 가나안이었습니다. 우리도 비록 이 땅에 발을 딛고 살지만, 우리의 본향은 영원한 나라, 천국입니다.

우리는 이 땅에서 외국인과 나그네로서 살아갑니다. 그러므로 우리는 누구나 하나님 나라의 디아스포라들인 것입니다. 지금 여기서 최선을 다해 살아야 하지만 영원한 본향인 '그 나라'를 잊어서는 안 됩니다. 우리는 이 땅에서 나그네 영성, 외국인 영성, 디아스포라의 영성으로 살아야 합니다.

독일 베를린에는 웅장한 위그노 돔 교회와 박물관이

한 줄 묵상

**하나님 나라의 디아스포라들은 '그 나라'를 기억하며 나그네 영성,
외국인 영성, 디아스포라의 영성을 갖고 살아가야 합니다.**

있습니다. 그곳에는 위그노의 유적과 역사가 생생하게 진열되어 있습니다. 위그노와 그의 후손들은 수백 년 동안 독일에 정착해 살아왔지만, 자신들의 위그노 정체성을 결코 잊지 않았던 것입니다.

그들은 오랫동안 그곳에서 독일인으로 살아오면서 주류 사회에 진출하고 안정된 삶을 이뤘습니다. 그러나 결코 자신들이 누구인지를 잊지 않았습니다. 현지인들과 더불어 살되, 그들에게 흡수되지 않았습니다. 정체성을 지키려면 자신들의 고국과 역사, 문화와 신앙에 대한 자긍심을 가져야 합니다.

프랑스에는 1만 5천여 명의 한국인 디아스포라가 살고 있습니다. 대부분은 한국인의 정체성을 지키며 생활하지만 개중에는 현지화를 위해 한국말과 문화를 포기하는

사람들도 있습니다. 프랑스인들이 한국말과 문화를 배우기 위해 노력하는 작금에 정작 한국인이 한국인의 정체성을 잃고 있다는 것은 안타까운 일입니다.

그렇다고 그들이 100% 프랑스인이 되는 것도 아닙니다. 디아스포라는 현지에 깊이 들어가야 하지만 자신의 정체성을 지켜내야 그 가치를 인정받고 환영받습니다. 유대인 디아스포라들은 자신들이 사는 곳에서 주류 사회에 진출하지만, 늘 유대인 공동체와 함께 하고 유대 절기를 지키며 정체성을 유지하고 있습니다.

나그네는 언제든지 떠날 생각으로 살아야 합니다. 유대인은 주로 과일 장사나 보석 사업을 했습니다. 박해를 받게 되거나 조국으로 돌아갈 날이 오면 언제든지 사업을 정리하고 떠나기 위해서지요. 이렇듯 '하늘나라 디아스포라'는 단순하고 가벼운 삶을 살아야 합니다. 주님이 부르시면 미련 없이 삶을 정리하고 떠나야 하기 때문입니다. 우리는 돌아갈 나라를 늘 기억해야 합니다. 이 땅의 삶에 취해 그저 흐르는 대로 살면 안 됩니다.

나그네는 신랑 맞을 날을 준비한 지혜로운 다섯 처녀처럼 언제나 본향으로 돌아갈 그날을 준비해야 합니다. 준비되지 않으면 그 복된 날은 비극의 날이 됩니다. 초대 교회 성도들은 종말론적 신앙을 견지했습니다. 그들은 늘 다시 오실 주님을 맞이할 준비를 했습니다. 그래서 항상 깨어 있었습니다. 그러다 주님의 재림이 늦어지면서 '지연된 종말론'이 나왔습니다.

지금은 종말론이 실종된 시대입니다. 주님의 재림 날짜와 장소를 특정한 시한부 종말론의 영향 때문이기도 합니다. 그래서인지 설교자들은 종말론 설교를 부담스러워하고 있습니다. 이것은 이 땅의 삶에 취해 사는 우리의 잘못이기도 합니다. 하지만 그날은 반드시 옵니다. 주님은 약속대로 천사장의 나팔 소리와 함께 재림하실 것입니다. 그날은 준비된 이들의 날입니다.

하나님 나라 디아스포라들이여, 오늘 여러분의 신앙의 현주소를 점검해 보시기 바랍니다. 여러분은 나그네 영성, 디아스포라 정체성을 간직하고 있습니까? 주님이 부르실 때 언제든지 이곳을 떠나 주님 앞에 설 준비를 하며 살고 있습니까?

베드로 사도의 일성을 진지하게 들어보십시오.

"만물의 마지막이 가까이 왔으니 그러므로 너희는 정신을 차리고 근신하여 기도하라."(벧전 4:7)

기도

하나님 아버지, 저는 세상살이에 취해 하나님 나라 나그네임을 잊고 살았습니다. 마치 이 땅에서 영원히 살 것 같이 세상과 세상에 있는 것들을 사랑하며 살았습니다. 주님이 부르시는 그날에 신랑이신 우리 주님을 맞이할 준비가 부족한 저의 모습을 봅니다. 이중 멤버십을 갖고 이 땅에서 살아가지만, 저의 영원한 국적이 하나님 나라임을 기억하고 그 나라를 위해 살아가게 하옵소서. 예수님의 이름으로 기도드렸습니다. 아멘

노트

이시도어(사막 수도사) | 그대가 진심으로 하늘나라를 원한다면, 세상의 보화를 멸시하고 하나님의 은혜에 응답하시오.

오늘의 나의 묵상

위그노처럼

광야길을 기쁘게 걸어라

DAY
30

"네 하나님 여호와께서 이 사십 년 동안에
네게 광야길을 걷게 하신 것을 기억하라 이는 너를 낮추시며
너를 시험하사 네 마음이 어떠한지 그 명령을 지키는지
지키지 않는지 알려 하심이라"

신 8:2

광야를 지난다고 모두가 불행한 건 아닙니다. 광야길에서도 얼마든지 행복할 수 있습니다. 광야의 의미를 안다면 말입니다. 하나님이 나를 그곳에 두신 이유를 깨달으면 거친 광야에서도 휘파람을 불며 걸어갈 수 있습니다.

광야는 목적이 아니라 과정입니다. 이스라엘 백성들에게 광야는 젖과 꿀이 흐르는 약속의 땅으로 들어가는 과정이었습니다. 인간적으로 광야만 바라보면 한숨이 절로 나옵니다. 그러나 가나안을 바라보면 감사할 수 있습니다. 광야에서 끝난다면 불행하지만, 가나안이 있기에 행복할 수 있습니다.

초대교회 그리스도인들도 거친 광야를 걸었습니다. 끝이 보이지 않는 광야에서도 절망하거나 불행에 빠지지

한 줄 묵상

**광야는 끝이 없는 동굴이 아니라
새로운 세상으로 나가는 터널입니다.**

않았습니다. 광야 너머를 보았기 때문입니다. 바울은 빌립보 감옥에서도 찬송하며 기도했습니다. 초대교회 성도들은 잠시 받는 고난이 장차 나타날 영광과 족히 비교될 수 없다는 것을 굳게 믿었기에 고난 속에서도 감사하고 찬송할 수 있었습니다.

광야는 인생의 순도를 높이는 곳입니다. 광야는 이스라엘 백성들을 약속의 땅에 합당한 백성으로 만드는 제련소와 같았습니다. 광야라는 제련소를 거치며 이스라엘 백성들의 순도는 높아졌습니다. 위그노는 300년 넘게 고난과 박해라는 거칠고 메마른 광야를 걸어가야 했습니다. 1685년 루이 14세의 낭트 칙령 폐지로 '개종 아니면 죽음'의 극한 상황으로 내몰렸던 위그노 가운데 20만여 명이 프랑스 땅을 떠나 디아스포라가 되었습니다. 남은 이들은 남부 프랑스 세벤느 지역으로 숨어 들어가 102년 동안 광야 생활을 했습니다.

그들은 자신들의 고난을 이스라엘 백성들이 겪은 광야 여정과 동일시하며 견뎌 나갔습니다. 위그노들은 광야에서도 철저한 예배자로 살았습니다. 이동식 강대상과 분해결합이 가능한 성찬 용기를 제작해 가지고 다니면서까지 광야에서 예배를 드렸습니다. 광야에서도 철저한 예배자로 산 것입니다. 그래서 교회 사가들은 그 시기를 '광야교회의 시대'라고 부릅니다.

광야는 하나님의 음성만이 들리는 장소입니다. 히브리어로 광야는 '미드바르'이고 말씀은 '다바르'입니다. 아무것도 없는 광야에서는 하나님의 말씀이 명료하게 들립니다. 편안할 때엔 수많은 것들과 소리로 우리의 눈과 귀가 막힙니다. 그러나 광야에서는 막힌 귀가 뚫리고 어두운 눈이 밝아집니다.

광야는 하나님이 가장 가까이 계시는 곳입니다. 이스라엘 백성들이 걸은 광야에서 하나님은 구름 기둥과 불기둥으로 함께 하셨습니다. 성막에서 영광 가운데 임재하셨습니다. 그럼으로써 이스라엘 백성들은 매일 하나님과 동행할 수 있었습니다. 이것이 광야의 축복입니다.

나치의 홀로코스트를 경험하고 '밤(night)'이라는 책을 쓴 유대인 작가 엘리 위젤은 수용소에서 한 소년이 처

참하게 죽임당하는 모습을 보면서 신음하듯이 물었습니다. "도대체 하나님은 어디 계시나요?" 그때 어디선가 음성이 들렸습니다. "나는 지금 저 아이와 함께 있느니라." 하나님은 고난의 현장, 가장 고통스러운 광야에서 우리와 함께 계십니다.

광야는 절망의 장소가 아니라 하나님을 더 깊이 만나고, 그분의 음성을 듣고, 순도 높은 그리스도인이 되는 곳입니다. 그러므로 광야는 끝이 없는 동굴이 아니라 새로운 세상으로 나가는 터널입니다. 터널 끝에 빛이 보입니다. 조금만 견디면 축복의 시간이 다가옵니다. 그날을 바라보는 사람은 결코 희망을 놓지 않고 광야길에서도 노래할 수 있습니다.

지금 '당신만의 광야'에 홀로 서서 절망과 낙심에 빠져 울고 있나요? 그렇다면 조용히 광야의 의미를 생각하며 그곳으로 당신을 인도하신 하나님의 뜻을 묵상해 보십시오. 그러면 그 쓰라린 시간이야말로 하나님과 동행하는 축복의 시간이라는 사실을 알게 될 겁니다. 그때 "내가 매일 기쁘게 순례 길을 걷노라"고 콧노래를 부르게 될 것입니다. 이것이야말로 우리가 이 땅에서 경험할 기적이 아니겠습니까?

기도

하나님 아버지, 저는 지금 인생 광야에 홀로 서서 눈물짓고 있습니다. 아무도 내 곁에 없다는 두려움이 저를 짓누릅니다. 이대로 인생이 끝날 것 같은 절망에 빠지곤 합니다. 그러나 주님을 바라봅니다. 가장 힘들 때, 가장 가까이 계시는 주님께 저의 시선을 고정합니다. 광야의 의미를 깨닫고 감사하는 인생 되기를 원합니다. 하나님, 저의 광야길에 동행해 주심을 감사드립니다. 예수님의 이름으로 기도드렸습니다. 아멘

노트

유진 피터슨 | 광야를 호락호락하게 여겨서는 안 된다. 왜냐하면 그곳은 위험한 곳이기 때문이다. 그러나 광야를 회피해서도 안 된다. 왜냐하면 그곳은 참으로 경이로운, 하나님으로 가득한 곳이기 때문이다.

오늘의 나의 묵상

위그노처럼 그러 DAY

영원한 행복을 추구하라

31

"평안을 너희에게 끼치노니 곧
나의 평안을 너희에게 주노라 내가 너희에게 주는 것은
세상이 주는 것과 같지 아니하니라
너희는 마음에 근심하지도 말고 두려워하지도 말라"

요 14:27

누군가로부터 "지금 행복하십니까?"라는 질문을 받는다면 어떻게 답하시렵니까? 행복과 고통은 외적인 조건이 아니라 내면의 상태로부터 느껴지는 감정입니다. 영혼이 평화로 가득하다면 우리는 항상 행복할 수 있습니다. 평화를 잃으면 고통이 찾아옵니다. 외부적인 조건들은 청량음료와 같습니다. 어느 정도 마음에 안정을 주지만 오래가지는 못합니다. 멋진 자동차와 원하는 집을 사서 잠시 행복감을 느끼더라도 그 감정이 지속되지 못하는 것과 같습니다.

진정한 행복은 내면에 평화가 충만할 때 주어지는 감정의 열매입니다. 그러므로 행복을 원한다면 내면을 가꿔 평화로 채워야 합니다. 그 평화는 하늘로부터 옵니다. 우리를 지으신 분만이 우리 내면을 영원한 평화로 채워

한 줄 묵상

행복과 고통은 내면의 상태로부터 나옵니다.

주실 수 있습니다. 주님이 이 땅에 오신 목적은 그 평화를 우리에게 주시기 위해서였습니다. 평화의 주님이 말씀하십니다. "평안을 너희에게 끼치노니 곧 나의 평안을 너희에게 주노라."

주님의 평화로 충만한 사람은 어떤 상황에서도 행복한 삶을 살아갑니다. 세상은 결코 그들의 행복을 빼앗지 못합니다. 그래서 주의 평화로 가득한 사람들은 사는 날 동안 행복을 누릴 수 있습니다.

예수님 승천 이후, 이 땅에 홀로 남겨진 제자들의 마음은 불안과 두려움으로 가득했습니다. 그런 그들에게 오순절 성령이 임하자 두려움은 물러가고 하늘의 평화가 가득했습니다. 성령은 평화의 영입니다. 그 영이 임하자 제자들은 세상의 박해를 넉넉히 받아들이고 순교의 자리까지도 기쁘게 갈 수 있는 믿음의 사람으로 변했습니다.

낭트 칙령으로 위그노에게 신앙의 자유가 주어졌을 때도 가톨릭 교회의 아성이었던 파리에서만은 그 법이 적용되지 못했습니다. 당시 파리에서 개신교도로 살아간다는 건 위험천만한 일이었습니다. 그러나 그들은 두려워하지 않았습니다. 일단의 위그노들은 가톨릭교회의 본산이었던 소르본 대학 건너편에서 개신교 예배를 드리다 체포되었고 그중 일부가 처형되었습니다.

그 일로 처형된 사람 가운데 그라브롱 부인이 있었습니다. 그녀는 처형 집행일에 신부 드레스로 갈아입고 화형장으로 이동, 그 누구도 원망하지 않고 기쁨으로 장작더미에 올라섰습니다. 그 길이 죽음이 아니라 신랑이신 예수님과의 혼인 잔치로 들어가는 길이라는 것을 알았기 때문입니다. 사납게 타오르는 장작불조차도 성령이 부어주시는 평화와 행복을 빼앗을 수 없었던 것입니다.

영원한 행복을 누리기 위해서는 마음의 그릇을 준비해야 합니다. 땅의 것을 버리고 위엣 것을 추구해야 합니다. 육체의 욕망에서 영의 소망으로 옮겨가야 합니다. 심리학자 매슬로는 사람에게는 생리적 욕구, 안전에 대한 욕구, 애정과 소속의 욕구, 존중받고 싶은 욕구, 자아실현의 욕구가 있다고 했습니다. 자아실현의 욕구 단계에 들어간 사람은 나머지 하위 욕구들을 초월할 수 있습니다. 이는 깊은 영적 단계로 성인들이 이 수준에 도달했습니다.

예수님은 하나님 나라와 세상의 구원을 위해 하늘 보좌까지 버리고 가장 낮은 곳으로 내려오셨습니다. 마지막에는 십자가에 달려 돌아가시기까지 하셨습니다. 그럼에도 주님은 언제나 성령 충만하셨고 마음에 평화와 기쁨이 가득하셨습니다. 처음에는 하위 단계의 욕구 충족을 위해 주님을 따랐던 제자들도 성령을 받은 후에는 점점 깊은 영성의 소유자가 되었습니다. 결국 자기를 비우고 오직 하나님 나라와 의만 구하며 살고 박해와 순교마저 기쁨으로 받아들이는 상위 단계로 들어갔습니다.

비행기는 이륙해서 떠오르는 동안엔 중력과 공기의 저항을 받기에 많은 연료와 에너지가 필요합니다. 그러나 더 높이 올라가면 연료도 훨씬 덜 들어가고 안정적인 비행이 가능해집니다. 이렇듯 우리의 영적 생활도 위로 더 올라갈수록 훨씬 수월해집니다.

당신은 지금 어떤 단계의 삶을 살고 있습니까? 땅의 것을 추구하던 단계에서 하늘의 것을 사모하며 사는 삶으로 비상하시기 바랍니다. 행복의 비결은 간단합니다. 얽매이기 쉬운 모든 것을 벗어 던지고 주의 평화로 가득한 상위 단계의 삶으로 더욱더 높이 올라가는 것입니다. 이것을 소망하며, 위해서 기도하십시오.

기도

하나님 아버지, 저는 잠시 있다가 사라질 세상 것을 추구하며 살았습니다. 그래서 저의 삶에는 행복과 불행이 점철되었습니다. 이제는 주님처럼, 제자들처럼 위엣 것을 구하며 하나님 나라와 의를 위해 살기 원합니다. 하나님 음성에 귀 기울이며 성령 충만한 삶을 살게 도와주시옵소서. 성령이 주시는 평화와 행복으로 가득한 삶을 살도록 인도해주십시오. 예수님의 이름으로 기도드렸습니다. 아멘

노트

바실레아 슐링크 | 천국을 생각하십시오. 위엣 것들에 더욱 관심을 가지십시오. 영원히 거할 본향이 거기에 있습니다. 오직 고난을 극복한 자, 영적으로 성숙한 단계에 도달한 자, 이긴 자, 축복받은 자들만이 천국의 영광이라는 목표를 달성할 수 있습니다.

오늘의 나의 묵상

국민북스
한달
묵상
시리즈 3

위 그 노 처 럼

위그노처럼
부록

위그노 10문 10답

1. 위그노란 무엇인가요?

'위그노'(Huguenots)라는 말은 독일어 '아이트게노센'(Eidgenossen)에서 왔습니다. 이는 '동맹' 또는 '하나의 가르침에 의해서 연결된 동지들'이라는 뜻입니다. 이 단어를 축약해 '아이그노트'(Eignot)라고 부르다가 나중에는 '위그노'(Hugeunots)가 되었습니다. 이것은 스위스 제네바의 개혁에 동참한 프라이부르크와 베른의 동맹에서 유래되었고, 제네바의 종교개혁자 장 칼뱅의 신학을 따르는 16세기에서 18세기 프랑스 개신교인들을 가리키는 말이 되었습니다.

한편에서는 위그노의 지도자였던 나바르의 앙리

(Henri de Navarre, 1553~1610)의 조상 위그 카페(Hughes Capet)의 이름에서 나왔다는 주장도 있습니다. 당시 나바르는 개신교 지역이었습니다. 프랑수아 1세의 누이 마거리트(1492~1549)의 딸인 나바르 여왕 잔느 달브레(1528~1572)가 위그 카페 왕조의 방계인 부르봉 왕가의 앙투안과 결혼하여 아들을 낳았는데 그가 나바르의 앙리 3세로 후에 프랑스 부르봉 왕가의 시조가 된 앙리 4세가 되었습니다.

위그노라는 말이 프랑스 왕국에서 공식적으로 사용되기 시작한 것은 1560년부터입니다. 그해에 프랑스 앙브와즈 성에서는 가톨릭 동맹을 이끄는 기즈 가문의 개신교 탄압에 불만을 가진 개신교도들이 왕을 납치하고 기즈 형제들을 체포하기 위한 반란을 도모했습니다.

그러나 그만 내부의 밀고로 실패했고 주모자인 장 뒤 바리는 극형을 당했습니다. 1,200명 이상의 위그노들도 앙브와즈 성에서 잔인한 방법으로 죽임을 당했습니다. 이때부터 프랑스 개신교도들을 위그노라 부르게 되었습니다. 이 사건은 1562년부터 1598년까지 진행된 종교전쟁의 단초를 제공하게 되었습니다.

지금 프랑스 개신교도들 중에는 혈통적인 위그노 후예들이 많이 있습니다. 프랑스 개신교는 위그노의 신앙과 신학을 유산으로 물려받은 교회와 성도들이 주를 이루고 있습니다. 그들은 비록 프랑스 땅에서 소수자로 살아가고 있지만, 자신들 믿음의 조상인 위그노의 역사에 대해 자랑스럽게 생각하고 있습니다. 위그노들이 고난과 부당한 압박에 오랜 기간 시달렸지만, 타협하거나 굴복하지 않고 저항하면서 자신들의 신앙과 교회를 지켜왔기 때문이고, 박해를 피해 세계 곳곳으로 흩어진 디아스포라 위그노들이 세계 역사의 변화와 발전에 크게 이바지했기 때문입니다. 이것이 프랑스 개신교도들이 자신들의 정체성을 상징하는 위그노 십자가를 몸에 지니거나 집과 사무실에 당당하게 부착하는 이유입니다.

2. 독일 종교개혁과 프랑스 종교개혁의 차이점은 무엇인가요?

독일 종교개혁은 마르틴 루터가 1517년 10월 31일에 로마 가톨릭교회의 면죄부 판매와 연옥과 공로 사상 등에 관해 이의를 제기하는 '95개조 반박문'을 비텐베르크 성문에 게시하면서 시작되었습니다. 루터는 독일의 종교개혁을 이끄는 뚜렷한 인물이 되었고 그를 중심으로 교회의 개혁 운동이 진행되었습니다.

반면에 프랑스 종교개혁은 한 사람이 아니라 자크 르

페브르 데타플, 기욤 브리소네 등 다수의 인문주의자 그룹에 의해 1520년부터 시작되었습니다. 독일의 종교개혁에 비해 프랑스의 종교개혁은 연합된 힘으로 이뤄진 지성적 개혁운동이라고 할 수 있습니다. 독일의 종교개혁가들은 "우리는 어떻게 구원을 얻을 수 있는가?"라는 중심 질문을 던지며, 그것은 '오직 성경, 오직 믿음, 오직 은혜, 오직 예수 그리스도를 통해서'라는 해답을 내놓았습니다.

프랑스 종교개혁가들은 루터주의를 받아들이면서 거기에 장 칼뱅의 주도로 '오직 하나님께 영광'이라는 부분을 추가시켰습니다. 이것은 구원의 문제를 해결한 개신교인들이 구원 그 이후에 무엇을 위해서 살 것인지에 대한 진일보된 신학이었습니다. 칼뱅의 신학은 기독교의 신앙이 개인 구원의 문제를 넘어 사회 구원으로 가는 길을 열었습니다.

칼뱅은 이런 신학을 바탕으로 스위스 제네바를 하나님의 말씀으로 통치되는 신정 도시로 만들려 시도했습니다. 당시 독일은 선제후들로 구성된 선거인단이 신성로마제국의 황제를 선출했습니다. 선제후들은 황제와 왕 다음으로 높은 위계를 가진 봉건 제후들이었습니다. 루터는 프리드리히 선제후 등의 지지와 도움을 받으면서 비교적 안정적으로 종교개혁을 진행할 수 있었습니다.

반면, 프랑스는 왕을 중심으로 하는 중앙집권 체제였습니다. 절대왕정 체제에서 종교개혁은 모 아니면 도가 되는 상황이 될 수밖에 없었습니다. 만약에 왕이 종교개혁을 지지하고 개신교 신앙을 선택했다면 프랑스는 개신교 국가가 될 수도 있었습니다. 그러나 프랑수아 1세가 개신교도 탄압을 선택하면서 프랑스 개신교회는 300년 동안 모진 광야를 걸어가야 하는 신세가 되었습니다. 그들은 강제 개종과 고문, 사형 등 온갖 박해를 받았습니다.

그런 과정에서 수많은 위그노들이 해외로 탈출, 디아스포라로 사는 길을 택했습니다. 이들을 통해서 개혁신앙은 프랑스 땅에 머물지 않고 유럽과 전 세계로 퍼지게 되었습니다. 마치 예루살렘의 대박해로 그리스도인들이 사마리아와 수리아 안디옥 등으로 흩어져 기독교 복음의 세계화가 이뤄진 것과 같습니다.

독일의 종교개혁은 로마 가톨릭교회의 부당함에 대해 이의를 제기하는 운동이었습니다. 개신교회를 의미하는 프로테스탄트(protestant)는 '저항자, 혹은 이의를 제기하는 자들'이라는 뜻입니다. 루터와 그의 추종자들은 이의를 제기하는 자들이었습니다. 그들은 자신들의 입장을 주장하고 이의를 제기할 수 있는 나름의 여유를 가졌다고 볼 수 있습니다. 실제로 루터의 입장은 독일 국민 90% 정도의 지지를 받았습니다.

그러나 프랑스의 상황은 독일과는 달랐습니다. 프랑스 종교개혁을 특징짓는 말은 '레지스테'(저항하다)입니다. 일방적으로 박해를 받는 약자의 처지임에도 결코 자신의 신앙을 포기하지 않고 끝까지 버텨나간다는 의미를 담고 있습니다. 이렇듯 같은 종교개혁이지만 프랑스 종교개혁은 독일의 종교개혁보다 훨씬 험난한 과정을 거쳐야 했습니다.

3. 대자보 사건이란 무엇인가요?

이것은 1534년 10월 17일에 프랑스 개신교도가 가톨릭교회와 미사를 비난하는 내용을 담은 벽보(L'affaire des placards)를 파리와 인근 도시들 그리고 앙브와즈 성에 있는 왕의 침실에 붙인 사건을 말합니다. 오늘날의 표현으로 '대자보 사건'으로 불립니다.

이 일로 프랑스 땅이 발칵 뒤집혔고 개신교도들은 이단이며 국가의 질서를 어지럽게 하는 세력이라는 낙인이 찍히게 되었습니다. 프랑수아 1세는 자신의 정치적 야욕을 위해 가톨릭과 개신교 사이를 저울질하며 개신교 세력에 관해서 비교적 관용적인 태도를 보이고 있었습니다. 그러나 이 사건으로 화가 난 왕은 프랑스 개신교에 대한 박해를 본격화하게 됩니다. 그들의 과격한 행동이 화를 불러온 격이 되었습니다.

이 사건으로 수많은 사람들이 죽임을 당했습니다. 많은 개신교도가 박해를 피해 스트라스부르와 같은 자유의 도시로 피난을 떠났습니다. 당시 장 칼뱅은 심한 박해를 받는 개신교도들의 신앙을 변호할 목적으로 '기독교 강요'를 집필, 프랑수아 1세에게 헌정합니다.

하지만 프랑스의 개신교도들은 믿음을 지키며 죽임을 당해 순교자가 되거나 그렇지 않으면 어쩔 수 없이 자신의 결혼과 자녀들의 유아세례, 부모들의 장례를 치르기 위해 다시 가톨릭교회에 가서 죄를 고백하고 성만찬에 참여하지 않으면 안 되는 상황이었습니다. 이런 절박한 상황에 처하면서 위그노들은 공식적인 개신교 교회를 설립해야 한다는 열망을 갖게 되었고 이후 교회 설립을 위한 움직임이 시작되었습니다.

4. 위그노 전쟁은 어떤 것인가요?

위그노 전쟁은 1562년부터 1598년까지 약 37년 동안 프랑스 가톨릭과 개신교도들이 8회에 걸쳐 치른 종교전쟁입니다. 이 전쟁은 1562년 3월 1일에 발생한 '바시의 대학살'이 발단이 되어 벌어졌습니다. 바시(Vassy)는 파리에서 얼마 떨어지지 않은 작은 마을로 프랑수아 기즈의 어머니 앙투아네트가 조성한 마을이었습니다. 그녀는 이곳을 스코틀랜드의 여왕이 된 손녀 마리 스튜어트에게 유산으로 줬습니다. 기즈 가문은 이처럼 작은 마을이지만 자신들에게는 중요한 의미가 있는 곳에서 개신교회가 세워지고 위그노들이 모여 예배를 드린다는 사실을 치욕스럽게 생각했습니다.

게다가 가톨릭과 개신교 사이를 중재했던 카트린 드 메디치 주도로 이뤄진 생 제르맹 칙령은 양측 모두에게 불만족을 주었습니다. 이런 가운데 기즈 가문은 마을의 곡식 창고에서 개신교도가 모여 예배를 드린다는 사실을 알고 군대를 보내 학살을 자행했습니다. 이 사건으로 여인들과 어린이를 포함한 74명이 죽고 100여 명이 부상당했습니다. (일부 사료에서는 250여 명이 죽었다고 기록됨)

이 소식은 프랑스 전역에 있는 개신교도들의 분노를 일으켰고 결국 가톨릭과 개신교 간의 종교전쟁으로 번지게 되었습니다. 이 전쟁으로 프랑스 전역은 긴 세월 동안 두 진영으로 나눠진 전쟁터가 되어 백성들의 삶이 황폐하게 되었습니다. 이로 인해 발루아 왕가는 점점 쇠약해지다가 부르봉 왕가로 권력을 넘기게 됩니다.

발루아 왕가의 사위이며 부르봉 왕가의 공작이었던 앙리 4세는 본래 개신교도였지만 프랑스의 통치를 위해 자신이 가톨릭으로 개종하는 대신에 개신교도들에게 신앙의 자유를 허락하는 낭트 칙령(1598년 4월 13일)을 선포, 37년에 걸친 위그노 전쟁은 끝이 나게 됩니다. 앙리 4세는 쉴리라는 탁월한 재상과 함께 전쟁으로 폐허가 된 프랑스를 재건하는 군주가 되었습니다.

5. 성 바돌로매 대학살 사건은 무엇입니까?

이 사건은 위그노 전쟁 중인 1572년 8월 24일에 벌어진 슬프고도 참혹한 사건입니다. 성 바돌로매 축일에 터진 사건이어서 '성 바돌로매 축일 대학살'이라고 불립니다. 이것은 위그노의 수장인 부르봉 왕가의 앙리 4세와 발로와 왕가의 카트린 드 메디치의 딸 마르고의 결혼식 후에 터진 위그노 대학살 사건입니다.

카트린은 가톨릭 진영과 개신교 진영 간의 화합을 목적으로 정략결혼을 계획했지만 이는 결국 프랑스 역사에서 잊을 수 없는 재앙이 되어버렸습니다. 이 일로 수일 동안 파리에서만 3천여 명이, 전국적으로는 3만 명 이상의 위그노들이 학살당했습니다.

이 사건을 계기로 위그노는 점점 힘을 상실하게 되었고 개신교 신자들의 숫자도 급격하게 줄어들었습니다. 1570~1598년 사이에 프랑스 땅에서 개신교회의 3분의 1이 사라졌고 개신교도의 수는 100만 명 이하로 줄어들었습니다. 많은 이들이 처형이나 강제 개종을 당했고 나머지는 스위스를 비롯한 이웃 나라로 이민을 떠났기 때문입니다.

이 사건은 기독교 역사상 가장 잔혹한 학살 중의 하나입니다. 그러나 이에 대해 로마 교황청은 기념주화를 만들고 하나님께 영광을 돌린다며 테 데움(Te Deum)이라는 대영광송을 부르며 기뻐했습니다. 당시 로마 시내에서는 3일 동안 불이 꺼지지 않은 채 축제가 펼쳐졌다니 얼마나 기막힌 일입니까.

반면에 영국의 엘리자베스 여왕은 상복을 입고 애도했으며 신실한 가톨릭교도였던 신성 로마 제국의 황제 막시밀리안 2세까지도 이 소식을 듣고 깊은 슬픔을 표했습니다. 제네바시는 이 비극적인 소식에 금식을 선포했습니다. 당시의 학살을 배경으로 만들어진 영화가 '여왕 마고'입니다.

이 학살에 대해 로마 가톨릭교회는 오랫동안 침묵으로 일관했습니다. 그러다 1997년 파리에서 개최된 세계 청년대회에서 교황 요한 마오로 2세가 학살을 공식적으로 사과하고 참회하는 성명을 발표했습니다. 프랑스 종교개혁사 전문가인 마리안느 카르보니에 뷔까르 교수는 "그 시대에 절대 주류인 가톨릭 신앙과 다른 개혁신앙을 지니고 프랑스 땅에서 존재하는 것 자체가 정말로 어렵고 힘든 일이었다"고 말했습니다. 이렇듯 위그노들은 상상하기 어려운 박해를 통과한 신자들입니다.

6. 낭트 칙령은 무엇인가요?

낭트 칙령(Edict of Nantes)은 프랑스의 새로운 왕가인 부르봉의 시조가 된 앙리 4세가 1598년 4월 13일에 선포한 칙령입니다. 그는 발로와 왕가의 마지막 왕인 앙리 3세가 암살당하면서 왕좌에 올랐지만 가톨릭 동맹의 영향 아래 있던 파리 등 여러 도시들의 강한 저항을 맞이하게 됩니다. 그 도시들은 개신교도였던 앙리 4세의 통치를 인정하지 않았습니다. 그러나 앙리 4세는 10년간의 정복전쟁을 통해 적대자들을 누르고 프랑스 전역의 통치자가 되었습니다. 위그노들은 그의 집권을 강화하는 일에 적극적으로 협력했습니다.

당시 앙리 4세의 통치에 끝까지 저항한 도시가 바로 낭트입니다. 그는 마지막으로 낭트를 점령하고 그곳에서 개신교도들에게 신앙의 자유를 주는 낭트 칙령을 선포했습니다. 낭트 칙령으로 길고 길었던 위그노 전쟁은 종식되었습니다. 이제 위그노의 신앙의 자유와 국가적 평화가 실현된 것입니다.

낭트 칙령으로 위그노들에게 종교의 자유를 주어졌을 뿐 아니라 개인의 종교적 믿음과 양심의 자유가 인정된 첫 사례가 되었으며 프랑스 내에서 톨레랑스(관용)라는 가치가 최초로 규범화되었습니다. 하지만 그 자유는 다음과 같이 극히 제한적이었습니다.

1) 공개적으로 예배를 드릴 수는 있으나 숫자와 위치는 국가가 통제한다. 예배가 허락된 곳은 전국적으로 1,000개 미만으로 대부분의 주요 도시 안에서는 예배당을 건축할 수 없고 성 외곽에만 건축이 허용된다. 파리에 사는 개신교도들은 파리 외곽에 건축된 샤렁통 예배당에서만 예배할 수 있다.

2) 위그노 군대는 해체되어야 하지만 이미 위그노에 의해 점령되었던 성채 안에서 신앙의 안전을 위한 활동은 수년간 허락된다.

3) 신·구교 간의 갈등을 해결하기 위한 특별 법정을 파리 고등법원 안에 둔다. 법정은 위그노 6명, 가톨릭 10명으로 구성된다.

이렇게 제한적인 자유가 98년 동안 주어졌지만 그동안

에 크고 작은 박해가 자행되었습니다. 또한 위그노에게 불리한 칙령들이 계속 선포되다가 앙리 4세의 손자인 루이 14세가 낭트 칙령을 폐지하는 내용의 퐁텐블로 칙령을 선포함으로써 제한적인 종교 자유 시대마저 끝나고 위그노들은 다시 어둡고 긴 터널 속으로 들어가게 됩니다.

7. 퐁텐블로 칙령은 무엇인가요?

퐁텐블로 칙령은 루이 14세가 1685년 10월 22일에 선포한 것으로 앙리 4세가 낭트 칙령을 통해 위그노에게 부여했던 신앙의 자유를 폐지하는 칙령입니다. 1643년, 5살에 왕위에 오른 루이 14세는 추기경 마자랭의 지도와 도움을 받으며 성장했습니다. 마자랭은 추기경 리슐리에가 했던 것처럼 정국을 주도하며 귀족들의 세력을 누르고 왕권을 강화했습니다.

이렇게 귀족들의 세력을 약화시키고 왕권 강화의 기틀을 갖춘 루이 14세는 마자랭의 죽음 이후 직접 통치하게 되자 자신의 왕권을 더욱 강화하기 위해 '하나의 왕, 하나의 신앙, 하나의 법'에 대한 단호한 의지를 보였습니다. 그의 왕국에서 두 개의 종교는 존재할 수 없었습니다.

그는 1661년부터 1685년까지 반개신교적인 300여 개의 칙령을 선포했으며 랑그독 지방에서 135개, 쁘아투에서 30개 등 전국적으로 587개의 개신교 예배당을 폐쇄했습니다. 왕의 직속 용기병들은 개신교도의 집에 들어가 약탈과 살인을 자행했으며 가톨릭 신앙으로 개종을 강요, 1만여 명의 위그노들이 가톨릭으로 개종했습니다. 1685년 루이 14세는 퐁텐블로 성에서 낭트 칙령을 폐지하는 퐁텐블로 칙령을 선포, 프랑스 땅에서 가톨릭 신앙 외에 다른 신앙은 존재할 수 없게 했습니다.

낭트 칙령으로 시작된 87년간의 짧고 제한적인 자유는 이렇게 허무하게 끝이 났고 완전한 신앙의 자유를 추구하던 위그노들의 실낱같은 희망은 무참히 짓밟히게 되었습니다. 이때부터 102년 동안 프랑스 땅에서 개신교도들은 잔혹한 박해의 시간을 보내야 했습니다.

퐁텐블로 칙령 선포 이후 개신교 목사들은 아내와 9살 이하의 자녀들만 데리고 15일 이내에 프랑스를 떠나거나 가톨릭으로 개종해야 했습니다. 평신도들이 프랑스를 떠나는 것은 금지되었습니다. 루이 14세는 그들의 탈출을 막기 위해 국경을 봉쇄했습니다. 개종하지 않은 위그노들은 살해당하거나 감옥에 가거나 노예선에 끌려가 평생을 보내야만 했습니다.

가톨릭교도가 대부분인 프랑스인들은 이 칙령 선포를

열광적으로 지지했습니다. 그러나 그 결과는 프랑스에 커다란 악영향을 끼쳤습니다. 위그노 출신 젊은이들과 지성인들, 전문 엔지니어들이 대거 탈출하면서 국가산업의 손실이 불가피했고 절대권력을 견제하면서 정치적 균형을 이룰 수 있는 기반도 상실됐기 때문입니다.

루이 14세 자신은 절대 왕정국가를 수립했지만 증손자인 루이 15세와 고손자인 루이 16세는 그가 뿌린 쓰디쓴 열매를 먹어야 했습니다. 프랑스 대혁명으로 루이 16세와 그의 왕비 마리 앙투아네트는 단두대에서 처형되었습니다. 위그노에 대한 기나긴 박해 끝에 본질적으로 새로운 시대가 열리게 된 것입니다.

8. '교회의 광야 시대'란 무슨 뜻인지요?

교회의 광야 시대는 루이 14세가 퐁텐블로 칙령을 선포한 1685년부터 루이 16세가 톨레랑스 칙령이라 불리는 베르사유 칙령을 선포한 1787년 11월 7일까지의 102년간을 의미합니다. 퐁텐블로 칙령 이후 위기에 처한 위그노들은 세 부류로 나눠졌습니다.

첫째, 낮에는 가톨릭으로 개종한 것처럼 행동하지만 저녁에는 가족들과 함께 개신교 신앙을 지켜나가는 사람들입니다. 낮에는 바리새인으로 살았지만 밤에 조용히 예수님을 찾아왔던 니고데모와 같은 사람이라고 해서 니고데모파라고 불렸습니다.

둘째, 박해와 죽음을 피하고 신앙의 자유를 누리기 위해 프랑스를 탈출한 디아스포라 위그노들입니다. 이들은 고된 이민자 생활 가운데서 개신교 신앙을 구현하는 한편 자신들을 받아준 도시와 나라의 역사를 긍정적으로 바꾼 사람들이었습니다.

셋째, 프랑스 땅에 남아 끝까지 올곧게 자신들의 신앙을 지켜나간 사람들입니다. 이들은 주로 남프랑스 세벤느 지역에 들어가 살면서 자신들의 신앙을 지켜나갔습니다.

후대 프랑스 개신교 사가들은 102년의 시기를 '광야의 교회 시대'로 불렀습니다. 실제로 위그노들은 믿음을 지키기 위해 자처한 자신들의 광야 생활을 이집트를 탈출한 이스라엘 백성들이 40년 동안 모세와 함께 보낸 광야 생활과 동일시했습니다. 이스라엘 백성들의 광야 시기는 어두움이 아닌 빛의 시대, 절망이 아닌 희망의 시대였습니다. 그들은 광야에서 빛 되신 하나님과 동행하며 약속의 땅 가나안에 들어가는 날을 소망하며 살았습니다.

프랑스 개신교도들도 마찬가지였습니다. 그들은 모든 것을 잃고 광야에서 방랑자로 살아야 했지만, 그 어두운 고난의 디널에서 주님의 빛을 경험했습니다. 당장은 어떻게 살지도 막막했으나 언젠가 다가올 자유의 날을 소망하며 묵묵히 그 길을 걸어갔습니다. 이렇게 그들은 광야의 거친 시간을 감사하며 견뎌냈습니다.

드디어 그들에게 자유의 날이 왔습니다. 1787년 11월 7일, 루이 16세가 베르사유에서 관용 칙령을 공포한 것입니다. 이로써 위그노들은 광야 생활을 끝내고 그토록 기다렸던 약속의 땅에서의 생활을 시작할 수 있었습니다.

이날을 기념하여 프랑스 개신교회는 1911년부터 매년 9월 첫째 주일을 '광야교회의 날'로 지정해 지키고 있습니다. 이 주일에는 남프랑스의 광야박물관에 1~2만여 명이 모여 기념 예배를 드리고 축제도 펼칩니다. 이는 마치 흩어져 살던 유대인 디아스포라들이 오순절에 예루살렘에 모여 절기를 지키는 것과 같은 모습입니다.

9. 디아스포라 위그노들이 세계 역사에 끼친 영향은 무엇인가요?

1572년 8월 24일 파리에서 발생한 성 바돌로매 대학살 사건으로 위그노들의 해외 망명이 시작되었습니다. 37년 동안의 위그노 전쟁 기간에 8번의 대박해가 있었는데 그중에서 가장 잔혹한 박해는 성 바돌로매 축일에 벌어진 대학살 사건이었습니다. 당시 프랑스에서 개신교도들의 수는 1,800만여 명의 전 인구 가운데 12%가 넘는 200만 명 정도였습니다. 이들은 짧은 시간에 상당한 세력으로 성장했지만 성 바돌로매 대학살 사건으로 큰 타격을 받았습니다.

루이 14세가 선포한 퐁텐블로 칙령 이후에 또다시 거대한 박해가 자행되었습니다. 이때 수많은 위그노가 생명과 신앙을 지키기 위해 국외로 탈출했습니다. 왕은 그들의 탈출을 막기 위해 급히 국경을 폐쇄했지만 25만 명 정도의 위그노가 프랑스를 떠났습니다. 이렇게 프랑스를 떠나 디아스포라가 된 위그노들은 최종적으로 100만 명이 넘습니다.

위그노의 프랑스 탈출과 그에 따른 영향은 사도행전에 나오는 예루살렘 교회의 경우를 생각하게 만듭니다. 당시 예루살렘 교회는 크게 부흥했으나 스데반의 순교를 기점으로 큰 박해가 일어나 성도들은 팔레스타인 땅뿐만 아니라 소아시아 지역으로 흩어지기 시작했고, 그들은 복음을 자신들이 간 지역에 전달했습니다. 그로 인해 복음이 소아시아와 유럽으로 전파되는 결정적인 계기가 마련되었으며 이는 역사의 변곡점이 되었습니다.

전 세계로 흩어진 위그노 디아스포라도 마찬가지였습니다. 그들은 자신들을 받아 준 나라와 도시에 복음을 가지고 갔고, 개신교회를 세웠으며 전문적인 지식으로 자신들이 머문 지역의 역사와 문화, 경제를 변화시켰습니다.

독일 베를린으로는 3만여 명의 위그노들이 들어갔습니다. 당시에는 작은 도시였던 베를린에 거주하는 위그노들은 전체 인구의 20%를 차지했으며 그들에 의해 베를린의 경제와 문화가 발전했습니다. 위그노들은 베를린에서 엘리트 계층을 형성하며 지역 내 가내수공업이 제조업으로 발전하는 데 결정적 기여를 했습니다. 그들로 인해 기계 산업도 융성하게 되었습니다. 역사가들은 독일(당시는 프로이센)이 위그노를 받아들이고 우대하는 것을 골자로 한 포츠담 칙령 선포가 독일 부국강병의 시작점이라고 평가합니다. 그 이후 프로이센은 '철혈 재상'으로 불린 비스마르크의 통치 시대에 프랑스와의 전쟁에서 승리할 정도로 강성하게 됩니다.

네덜란드에는 6만 5천여 명의 위그노가 정착했습니다. 주로 부유층인 그들이 전해준 기술과 지식으로 네덜란드는 세계를 호령하는 강국이 되었습니다. 이들로 인해 네덜란드는 개신교 국가가 되는 기틀이 마련됐습니다.

영국으로 망명한 위그노도 6만 명이 넘습니다. 네덜란드 총독 출신인 윌리엄 3세가 영국의 왕위에 오르면서 그를 따라 네덜란드에 갔던 위그노가 대거 영국으로 이주했습니다. 위그노는 풍부한 지식과 발전된 섬유·방직

기술, 화려한 예술을 영국으로 가져갔습니다. 베르사유 궁전의 가구 제작자였던 다니엘 마로, 의류 사업가 자크 퐁텐느, 첼시 도자기 창업자 니콜라스 스프리몽, 제지업자 헨리 포탈, 방직업자 루이 크로물랑 등 수많은 위그노가 영국에 새로운 문물과 발달된 기술을 전했습니다. 그들이 일으킨 산업발전은 영국 산업혁명의 기초가 되었습니다.

약 2만 5천 명의 위그노들이 알프스의 나라 스위스로 망명했습니다. 네덜란드와는 반대로 스위스 이주 위그노들은 가난한 이들이었습니다. 제네바시 당국은 매일 들어오는 위그노 난민들을 위해 숙소와 병원, 교통 편의를 제공했습니다. 스위스에 정착한 위그노는 정밀 공업인 시계산업과 금융업 등을 일으켰고 사회봉사 기관들도 세워나갔습니다. 위그노의 후손으로 어려서부터 개혁교회 신앙으로 교육받고 자란 장 앙리 뒤낭은 국제적십자사를 세웠습니다.

남아프리카 공화국으로 망명한 1,200명 정도의 위그노는 오늘날의 서부 케이프타운에 있는 프렌치 호크에 정착해 농사와 포도주 산업을 일으켰습니다. 이곳에서는 현재 '유레이즈미업'이라는 최상급의 포도주가 생산되고 있습니다.

미국으로 망명한 위그노는 지금의 매사추세츠, 뉴욕,

펜실베니아, 버지니아, 사우스캐롤라이나 등 북동부 해안 지역에 정착했습니다. 엔지니어와 예술가 등 지성인이었던 그들은 빠르게 미국 사회에 적응, 지도층이 되었습니다. 미국 초대 대통령이었던 조지 워싱턴의 증조모가 위그노였고 시어도어 루스벨트, 프랭클린 루스벨트 등 7명의 미국 대통령이 직간접적으로 위그노와 연관되었습니다. 미국의 위그노는 미국 건립 초기에 크게 이바지했습니다. 이들은 미국 사회와 산업발전에 지대한 영향을 주었을 뿐 아니라 미국이 자유민주주의 국가가 되는 데 결정적 기여를 했습니다.

이처럼 신앙의 자유를 찾아 고국인 프랑스를 떠난 디아스포라 위그노는 세계 교회와 역사 발전을 위해 매우 중요한 역할을 했습니다.

10. 그럼 우리는 위그노와 어떤 관련이 있나요?

우리나라에 위그노 망명자들이 직접 온 것은 아닙니다. 하지만 그들의 신학과 신앙이 대한민국에 들어와 꽃을 피우고 열매를 맺었습니다. 언더우드를 비롯한 미국 장로교 선교사들은 위그노 신앙과 신학으로부터 나온 개혁신앙과 신학을 한국교회에 전했습니다. 그로 인해 한국 땅에 복음의 씨가 뿌려지고 교회 부흥의 기틀이 마련되었습니다.

세계 교회에서 장로교회가 크게 부흥한 경우가 그다지 많지 않은데 유독 한국에서 대성공을 거둔 것은 이례적인 일입니다. 장로교회뿐 아니라 한국의 개신교회 대부분은 영국에서 시작되어 미국에서 만개했던 청교도 신앙의 영향을 받았습니다.

청교도 신앙의 신학적·신앙적 뿌리를 찾아 올라가면 제네바의 종교개혁자 장 칼뱅과 프랑스의 위그노를 만나게 됩니다. 청교도 신앙을 기반으로 하는 미국 교회와 선교사들로부터 영향을 받은 한국 개신교회는 직간접적으로 위그노의 신앙과 신학에 뿌리를 두고 있습니다. 그런 면에서 한국교회와 성도들은 위그노의 영적 후손입니다.

이런 위그노의 정신은 한국교회의 성장과 함께 독립운동 및 근대화에 영향을 주었고 경제발전에도 큰 역할을 했습니다. 변변한 천연자원도 부족하며 일제의 강점과 6·25 전쟁으로 폐허가 되었던 우리나라는 교회의 부흥과 더불어 발전을 거듭, 민주주의를 정착시키고 세계 10위권의 경제 대국이 되었습니다. 한국 사회 발전과 교회 성장이 함께 갔던 것입니다.

거듭 말하지만 우리 한국교회 역사에 위그노의 정신이 면면히 흐르고 있습니다. 위그노의 영성으로 다시 한번 한국교회가 크게 부흥할 것을 믿고 소망합니다. 기억하십시오. 바로 우리가 위그노입니다!